STUDY ON LONG-TERM TRENDS IN CHINA'S GRAIN DEMAND

河南大学经济学学术文库

中国粮食需求中长期趋势研究

吴乐 著

社会科学文献出版社
SOCIAL SCIENCES ACADEMIC PRESS (CHINA)

2017年度国家社科基金项目"供给侧结构性改革下粮食主产区农业全要素生产率提升研究"（17BJY097）；河南省高等学校重点科研项目"供给侧改革与河南农业发展"（17A790011）；2017年河南省软科学研究计划"科技创新与河南省农业产业结构优化研究"；本书受到"新型城镇化与中原经济区建设河南省协同创新中心"和河南省博士后一等科研项目资助。

摘 要

古今中外,"民以食为天",粮食问题关系国计民生,是社会稳定和经济发展的基础,与能源问题、金融问题并称为当今世界三大经济安全问题。近年来,世界粮食问题不容乐观,2008年爆发了全球性粮食危机,危机过后,世界粮食安全形势依然严峻。中国这个世界上最大的粮食生产国和消费国经受住了世界粮食价格暴涨的考验,以占世界9%左右的耕地和占世界6.5%左右的淡水资源,解决了占世界20%左右人口的吃饭问题,为全球粮食安全以及世界和平与发展做出了巨大贡献。但人口众多、农业生产资源相对匮乏的基本国情决定了中国粮食问题的长期性和战略性。从中长期发展趋势来看,随着中国人口的持续增长,城市化、工业化进程的不断推进,居民收入的提高以及生活方式的转变,中国粮食消费需求将呈刚性增长趋势,而土地、劳动力、资本、技术等生产要素从农村不断向城市转移,中国粮食和食物安全将面临严峻挑战。中国已经进入工业化中期的后半阶段,工业化、城镇化加速发展,影响粮食需求的新因素和新趋势不断涌现,在新的形势下重新评估中国粮食需求中长期趋势,将有助于我们及时制定政策措施,以合理调剂粮食品种结构余缺,对合理配置粮食生产资源、提高资源利用效率具有重要意义。

本书较为详尽地整理和分析了国内外关于中国粮食需求的相关研究文献,以西方经济学、消费者行为学、数理经济学相关理论为理论基础,深入分析中国中长期粮食需求的影响因素及其趋势,采取理论分析与实证分析、定性分析与定量分析等方法，在对中国粮食消费历史与现状、消费结构与特征进行系统分析的基础上，借鉴世界粮食消费经验，构建了GM（1，1）新陈代谢模型，对中国粮食需求中长期总体趋势进行了模拟和判断；对于稻谷、玉米、小麦和大豆四大粮食品种，首先针对具体粮食品种的消费特征和格局进行分析，然后抓住影响各粮食品种消费需求的关键因素，构建结构化的需求模型，利用1995～2009年中国影响粮食消费的宏微观变量数据和国务院发展研究中心粮食政策课题组提供的较为翔实的中国粮食供求平衡表中的粮食消费序列数据资料，对相关变量参数进行估计，并根据低位方案、基准方案、高位方案对中长期中国四大主要粮食品种在全面小康水平时（2020年）、基本实现工业化和人口达到峰值时（2030年），以及经济社会发展达到中等发达国家水平时（2050年）的具体需求情况进行模拟分析，对各粮食品种的中长期需求趋势进行判断，得出如下研究结论。

中长期内中国人口总量将呈倒"U"形变化，在较长时期内还处于净增长状态，城市化、工业化加速推进，城乡居民收入水平不断提高，食物消费结构持续优化升级，对粮食数量和质量将有更高层次的需求。根据GM（1，1）新陈代谢模型和各主要粮食品种需求模型的模拟结果，中长期内，在中国粮食需求总量刚性增长的同时，稻谷、小麦需求呈数量和比重双重减少的趋势，玉米、大豆需求量快速增加；到21世纪中叶，玉米、大豆需求量将超越稻谷、小麦成为中国粮食需求的第一、第二大品种；口粮需求的数量和比重将双重减少，21世纪中叶，粮食用途需求结构将从口粮需求占绝对优势转变为口粮需求、饲料粮需求以及工业用粮需求基本均衡。

对于四大主要粮食品种，从口粮（食用）需求收入弹性来看，城乡居民的稻谷、小麦口粮需求收入弹性为负值，城镇居民玉米口粮需求弹性为正值，而农村居民玉米口粮需求弹性为负值，城乡居民的大豆食用需求弹性均为正值；从自价格弹性来看，城乡居民稻谷、玉米、小麦、大豆人均口粮（食用）需求自价格弹性均为负值，相对于城镇居民，农村居民稻谷、小麦口粮需求自价格弹性的绝对值较大，而城乡居民玉米、大豆口粮（食用）自价格弹性的绝对值均较小；从交叉弹性来看，稻谷（小麦）口粮需求与小麦（稻谷）价格的交叉弹性为正值，稻谷口粮需求和小麦口粮需求存在替代关系；稻谷（小麦）口粮消费偏好对于其口粮需求也是一个重要的影响因素。稻谷（小麦）玉米比价是影响稻谷饲料需求的主要因素，玉米（豆粕）饲料需求量由中国居民人均收入、肉类产量以及玉米（豆粕）价格共同决定，各粮食品种的工业需求主要受其价格和经济发展的影响，对于各粮食品种的种子需求量则通过时间序列数据进行估计。

对于四大粮食品种的需求结构，稻谷、小麦口粮需求数量和比重在其需求总量中呈数量和比重双重减少的趋势；稻谷饲料需求比重降低，工业需求比重增加，小麦饲料需求和工业需求比重均增加，稻谷、小麦种子需求均有不同程度的减少。总的来讲，稻谷、小麦需求结构中口粮需求占绝对比重，饲料需求、工业需求和种子需求比重较小的局面难以发生根本改变。玉米口粮消费绝对数量增加，但在玉米消费总量中比重减少，饲料需求和工业消费需求在玉米需求总量中的比重保持在90%以上。大豆榨油需求将快速增长，是大豆需求增长的主体，由于大豆食用需求量和大豆种子需求量的持续增加，大豆消费需求结构基本稳定。

最后，本书从积极引导科学合理的粮食消费；不断加强粮食综合生产能力建设；确保国家口粮安全，不断优化和调整粮食品种结构；整合优化粮食流通资源，提高粮食流通效率；努力提高统筹国际国内农业两种资源、两种市场的能力，积极实施海外农业资源利用战略五个方面提出了政策建议。

关键词： 粮食　粮食需求　新陈代谢模型

Abstract

Food, which is the foundation of social stability and economic development, is vital to national well-being and the people's livelihood. Food, energy, financial issues are the three major economic security problems nowadays. In recent years, the world food problem is not optimistic. After the global food crisis in 2008, world food security situation is still grim. China, the world's largest grain producer and consumer country has withstood the test of world food prices soaring, using about 9% of the world's arable land and about 6.5% of the world's freshwater resources in solving the problem of feeding 20% of the world's population, which has made tremendous contributions to global food security as well as world peace and development. However, large population and lack of agricultural resources in basic national conditions determine the long-term and strategic nature in Chinese food problem. According to the long-term development trend, as the population continues growing, urbanization and industrialization advancing, income increasing and lifestyle changing, China's grain consumption growth will show a rigid trend. However, factors of production such as land, labor, capital and technology will transfer from rural to urban. Thus China's grain and food security will face serious challenges. Now China has entered the second half of the mid-industrialization. Accompanied by the accelerated development of industrialization and urbanization, new trends and new factors influencing food demand continue emerging. It is significant to reappraise the long-term trend in China's grain demand under new circumstances, which will help us in time to develop reasonable policies to regulate supplies in grain breed structure, and allocate grain production resources to improve resource efficiency.

In this study, we collate and analysis relevant literatures in detail about China's grain demand at home and abroad. Basing theoretical foundation on western economics, consumer behavior and mathematical economics theory, we make deep analysis on impact factors and trends in China's long-term grain demands. Methods such as theoretical analysis and empirical analysis, qualitative analysis and quantitative analysis are used. Through systematic analysis on China's grain consumption in history and current situation, as well as consumption structure and characteristics, we learn from experience of world food consumption, build the GM (1, 1) metabolic model, and make simulation and judgments on long-term trends in China's grain demand. As to rice, corn, wheat and soybeans, the four major varieties of grain, we first analysis the consumption features and patterns of each breed, and then build structural models by gripping key factors that affect the consumption demand. Parameters of relevant variable are estimated according to macro and micro variable data of influencing factors in grain consumption over the years 1995 to 2009, and on the basis of the more detailed and reliable food consumption data in tables of grain supply and demand which is provided by food policy group in Development Research Center of State Council. Basing on low scheme, baseline scheme and high scheme, we simulate and analysis the long-term demand trend of four major grain varieties separately for the well-off level by 2020, industrialization and the population peak by 2030, economic and social development reaching moderately developed countries by 2050. We get the following conclusions:

China's long-term total population will show an inverted "U" -type, and still be in the net growth in a relatively long period. The accelerated urbanization and industrialization, rising income among urban and rural residents, optimization and upgrading of food will require a higher level of demand.

According to GM (1, 1) metabolic model and simulation results, China's total demand of grain will be in rigid growth in the long term. Both the number and proportion of rice and wheat demand tend to decline, while that of corn and soybean will increase. Till the mid-21st century, the latter will exceed the former and become the two largest species. With the number and proportion reduction in rations, demand structure of grains will change from the domination of rations into balance among rations, feed demand and industrial use.

Income elasticity shows to be different among varieties and vary from urban to rural areas. The elasticities of rice, wheat rations and rural corn rations are negative. In the contrary, those of soybean and urban corn rations are positive. The self-price elasticities of the four major breeds are all negative. Compared with urban situation, absolute values of rice and wheat self-price elasticities of rural residents are larger. Moreover, those of corn and soybean are smaller in both urban and rural areas. Cross elasticity between rice rations and wheat price is positive, thus there exists an alternative relationship between rice and wheat rations. Furthermore, consumer preference is also an important factor of rations. Price ratio of rice to corn is the main factor of rice feed consumption. Corn feed demand is mainly decided by per capita income, meat production and corn price, while the industrial demand is mainly impacted by price and economic development. Demand for seed is estimated through the time-series data.

As for the demand structure, we find that both the number and proportion of rice and wheat rations tend to decrease, yet still occupies a predominant proportion. Thus consumption of feed, industrial use and seed maintain a smaller proportion. The proportion of rice feed demand will decline, while industrial use will rise. Contrary to seed consumption in rice and wheat, feed and industrial demands of wheat tend to increase. The number of corn rations will show absolute increase, but reduction in proportion. Feed and industrial demand for corn remained a proportion of over 90%. As the main factor of soybean consumption growth, oil demand will increase rapidly. with rations and seed increasing, soybean consumption structure will be basically stable.

Finally, this paper offers some policy proposals from five aspects: strengthen the overall grain production capacity to ensure national rations security; optimize and adjust varieties structure, and guide people to a scientific and rational food consumption pattern; integrate the grain distribution of resources to increase efficiency; make efforts to improve both the international and domestic agricultural resources and markets; actively implement the strategy of using agricultural resources overseas.

Keywords: Grain; Demand; Long-term Trend

目 录

第一章 绪论 ·· 1
 第一节 问题的提出 ·· 1
 第二节 研究目的与意义 ·· 4
 第三节 国内外研究动态及评述 ··· 6
 第四节 研究思路与方法 ··· 20
 第五节 研究创新与不足 ··· 23

第二章 基本概念与理论基础 ·· 26
 第一节 基本概念与范畴的界定 ······································· 26
 第二节 理论基础 ·· 28
 第三节 预测分析方法 ··· 34
 第四节 本章小结 ·· 41

第三章 国外粮食消费的特点与趋势 ···································· 43
 第一节 国外粮食消费的特点与启示 ·································· 44
 第二节 世界粮食消费趋势分析 ······································· 52

第三节　本章小结 …………………………………………… 57

第四章　粮食需求影响因素及其变化趋势 ………………………… 58
　　第一节　宏观影响因素 ……………………………………… 58
　　第二节　微观影响因素 ……………………………………… 62
　　第三节　本章小结 …………………………………………… 64

第五章　中国粮食消费的历史、现状与趋势 ……………………… 65
　　第一节　新中国成立以来中国粮食消费的历史回顾 ……… 66
　　第二节　中国居民粮食消费现状 …………………………… 70
　　第三节　中长期粮食需求总量预测 ………………………… 74
　　第四节　中国居民粮食需求的中长期趋势展望 …………… 78
　　第五节　本章小结 …………………………………………… 80

第六章　中国稻谷需求中长期趋势分析 …………………………… 82
　　第一节　中国稻谷消费的结构和格局 ……………………… 82
　　第二节　稻谷需求模型 ……………………………………… 89
　　第三节　稻谷需求中长期趋势分析 ………………………… 94
　　第四节　本章小结 …………………………………………… 95

第七章　中国玉米需求中长期趋势分析 …………………………… 97
　　第一节　中国玉米消费需求的结构和格局 ………………… 98
　　第二节　玉米在饲料工业中的作用和地位 ………………… 102
　　第三节　粮食供求紧平衡下的玉米加工 …………………… 104
　　第四节　玉米需求模型 ……………………………………… 105
　　第五节　玉米需求中长期趋势分析 ………………………… 110
　　第六节　本章小结 …………………………………………… 112

第八章　中国小麦需求中长期趋势分析 …… 114
第一节　中国小麦消费的结构和格局 …… 115
第二节　小麦需求模型 …… 121
第三节　中国小麦需求中长期趋势分析 …… 126
第四节　本章小结 …… 128

第九章　中国大豆需求中长期趋势分析 …… 129
第一节　中国大豆消费的结构和格局 …… 130
第二节　豆油消费在植物油消费中的地位 …… 134
第三节　豆粕消费与畜产品生产增长 …… 136
第四节　大豆需求模型 …… 137
第五节　大豆需求中长期趋势分析 …… 143
第六节　本章小结 …… 144

第十章　主要结论与政策启示 …… 146
第一节　主要结论 …… 146
第二节　政策建议 …… 153

参考文献 …… 159

附　表 …… 170

第一章 绪论

第一节 问题的提出

古今中外,"民以食为天",粮食问题关系国计民生,是社会稳定和经济发展的基础,与能源问题、金融问题并称为当今世界三大经济安全问题。随着世界人口持续增长带来口粮消费的刚性增长,粮食加工业和畜牧业粮食消费快速增长,一些国家燃料乙醇和生物柴油迅猛发展,世界粮食需求刚性增长,而世界粮食生产面临的耕地、淡水资源约束日益严重,单产增长日益趋缓,加上自然灾害频发,粮食生产增长减缓且波动明显,世界粮食供求形势不容乐观。2008年爆发的粮食危机,全球粮食紧缺的国家达到37个,许多发展中国家出现全面饥荒、经济紧缩,甚至社会动荡,这场"无声的海啸"使得粮食安全问题在经济社会发展中的重要地位更加凸显。随时随地为国内居民粮食需求提供有效供给,将是世界各国必须面对的长期性、战略性重大问题。

随着世界粮食安全形势的日益严峻,中国这个世界上最大的粮食生产和消费国的粮食发展前景引起了人们的极大关注。新中国成立后,中国的粮食产量从解放初期的1.5亿吨开始,到20世纪90年代中期,达到了5亿吨，60年上了八个台阶。2004～2010年，中国粮食总产量连续七年稳定增长，国家粮食储备占全国粮食消费量的比例一度超过35%，远高于联合国粮农组织（FAO）17%～18%的粮食安全线。而中国的粮食自给率也一直保持在95%以上，2008年全国人均粮食占有量达到398千克，超过了世界平均水平，比1949年增加189千克，增长近1倍，并且粮食价格经受住了世界粮价暴涨的考验。中国用占世界9%左右的耕地和占世界6.5%左右的淡水资源，解决了占世界20%左右人口的温饱问题，实现了人民生活从温饱不足向总体小康的历史性跨越。中国政府在粮食安全问题方面取得了巨大成就，为全球粮食安全以及世界和平与发展做出了巨大贡献。

然而，中国粮食的生产面临着人均耕地和水资源不足、农业基础设施薄弱等不利因素。2006年全国土地利用变更调查结果显示：中国现有耕地1.22亿公顷，全国人均耕地0.093公顷，占世界人均水平的1/3。受工业发展、城市建设、基础设施建设及农业结构的调整、退耕还林等占用耕地因素影响，中国耕地面积还将持续减少；中国的人均水资源量只有2300立方米，仅为世界平均水平的1/4，是全球人均水资源最贫乏的国家之一，水资源区域分布不均匀，水质污染严重；新中国成立以来农业基础设施建设不断加强，但仍需提高。2008年，中国耕地的有效灌溉面积为0.573亿公顷，仅占总面积的47.1%；中低产田占耕地总面积的67%；全国农业生产综合机械化水平仅为36.9%。自然资源的刚性约束以及种粮比较效益较低，粮食稳定增产的难度加大。

从需求方面来看，中国的经济正在高速发展，处于工业化、城镇化的加快推进阶段，城乡居民的收入不断增长，生活水平得到很大提高，人民生活正从总体小康向全面小康过渡。居民膳食结构不断改善，食物消费日趋多样，口粮消费逐步减少，肉、禽、蛋、奶、水产品及食用植物油等消费逐步增加，营养水平不断提高。同时，虽然人口自然增长率呈下降趋势，但由于人口基数大，每年还要净增几百万人口，21世纪前30年中国人口数量还将处于上升阶段，粮食消费需求将呈刚性增长。粮食需求量增加和稳产增产难度加大是摆在我们面前的一个可预见的现实，中国的粮食供求将长期处于紧平衡状态，而利用国际市场增加粮食供给的空间有限。中国人口占世界的20%左右，粮食产量和消费量均占世界的25%。目前世界每年的粮食贸易总量为2.6亿吨左右，仅相当于中国粮食消费总量的50%。也就是说中国国内消费量的1%，就相当于世界贸易量的2%，可见中国粮食供给的外向性不足。

中国的基本国情决定了中国粮食问题的长期性和战略性，从中长期发展趋势来看，受人口、耕地、水资源、气候、能源、国际市场等因素变化影响，中国粮食和食物安全将面临严峻挑战（国家发改委，2008）。

中国政府高度重视粮食安全，始终把解决好十几亿人口的吃饭问题作为治国安邦的头等大事，把立足国内生产、实现基本自给作为长期坚持的一条底线。自2004年起，中央连续发布7个一号文件逐步加大对农民种粮的支持力度，通过价格支持、种粮补贴、投入品补贴等手段，确保粮食稳定发展、农民增收。2010年中央一号文件更是提出了"稳粮保供给、增收惠民生、改革促统筹、强基增后劲"的"三农"工作基本思路。党中央、国务院一系列直接、有效的政策措施使中国的粮食供需矛盾有所缓解，但中国粮食供求紧平衡的情况将长期存在，稳定粮食生产、保障粮食供给不容忽视。

当前中国正处在经济发展方式转型的关键时期，随着城市化、工业化的不断推进和居民收入的不断增长，特别是当人均收入水平达到3600美元后，城乡居民的食物消费结构的变化将呈现怎样的规律？人们的粮食消费结构将如何演变？引起居民食物消费需求结构的差异及其粮食消费需求变动的因素将产生何种变化？中长期内中国各主要粮食品种的消费需求将呈现哪些具体特点？这些问题都需要认真加以研究。

第二节 研究目的与意义

一 研究目的

随着工业化、城镇化的加速推进以及人口增加和人民生活水平的提高，中国城乡居民的粮食消费需求正发生一系列变化。经济持续增长，城市化不断推进，收入增长是这种变化的根源，此外，价格、人口等因素也会对粮食消费产生相应的影响。因此，本研究试图从以下几个方面展开。

其一，对世界粮食消费趋势进行总体把握，深入分析欧美、东亚地区粮食消费结构变迁的历史和现状，对比不同国家、不同地区谷物消费、畜产品消费的差异，结合经济社会发展的不同阶段，科学判断中国居民食物消费结构的变化趋势。

其二，对中国粮食消费的历史与现状进行深入分析，对比各个不同阶段中国居民粮食特点的变化，不同粮食品种消费的功能结构、品种结构和区域结构的变化，探索中国粮食需求总量的变化趋势。

其三，深入分析中国城乡居民中长期粮食消费需求的各种影响因素，对经济发展、人口变化、城市化、收入增长等一系列因素的中长期变化趋势进行判断，进一步探讨城乡居民粮食消费需求变化的根本动因。

其四，根据不同粮食品种的消费结构和消费特征，构建中国粮食分品种需求子模型，对影响粮食消费需求的关键变量进行分析和选择，利用合理的方法对中国城市化、工业化进程中各阶段稻谷、玉米、小麦和大豆各种用途的需求量进行预测。对中国城乡居民各粮食品种的各种需求弹性和粮食消费需求结构变化趋势进行分析，以揭示中长期各粮食品种消费需求的变动趋势。

以上这些研究的最终目标都是以期为农业生产结构的调整和优化、粮食消费需求的正确引导以及国家农业农村政策的制定提供决策依据。

二 研究意义

30多年来的改革和发展，促使中国农业发展步入了一个新的阶段，粮食供求已由长期短缺转变为总量基本平衡，丰年有余；粮食消费则由解决温饱的需要转向满足全面建设小康社会的需要。随着收入的增长和经济社会的发展，城乡居民食物消费结构不断升级，渐趋多元化。人们的粮食消费需求对品种、营养、质量将会有更高的要求。近几年来，随着结构问题对粮食供求平衡影响的日趋增强，中国的粮食问题已经由总量问题逐渐转变为结构问题。粮食消费需求变化将对农业结构的调整与优化产生重要的影响。

本选题研究意义主要体现为以下四个方面。

一是中国要用占世界9%的耕地和不到6.5%的淡水养活世界20%的人口，这决定了我们必须提高土地利用率，注重农业产品结构的合理性。本研究对中国粮食消费需求的中长期变化趋势进行合理判断，为政府机构制定政策措施以合理调剂粮食品种结构余缺提供有益参考，对合理配置粮食生产资源、提高资源利用效率具有重要意义。

二是作为全球最大的粮食消费国，中国中长期粮食需求变化趋势将对世界粮食供求全局产生重大影响，科学估测未来粮食需求趋势，对于国际社会正确评估全球粮食供求趋势并采取有效的政策行动，具有重要意义。

三是中国的中长期粮食需求问题，需要站在新的历史起点上重新评估。尽管国内外众多学者和机构对中国未来粮食需求问题已经进行了比较深入的研究，但随着中国经济增长模式的转型和经济结构调整的加快推进，影响粮食需求的宏微观因素已经发生了较大变化，粮食消费新趋势和新的影响因素不断形成。如果忽视这些问题的存在，就很难科学把握中长期中国粮食需求的变化趋势。

四是尽管不少学者对影响居民粮食需求的因素进行了比较系统的研究，但大都集中于对居民粮食需求和消费的定性分析以及总量的趋势性研究，对影响城乡居民粮食消费结构变动的根本因素及各因素对粮食消费的影响性质（方向）和程度的研究还不多见。本书深入探讨中长期城乡居民食物消费模式的变化规律以及粮食消费的演变趋势，根据具体粮食品种的消费特点较合理地选用多种方法对中长期粮食消费趋势进行评估，对进一步完善中国居民粮食消费需求的研究方法具有较大的学术理论价值。

第三节 国内外研究动态及评述

1994年，美国世界观察研究所所长莱斯特·布朗撰写了《谁来养活中国？》一文。他根据对中国未来人口增加、膳食结构改善、耕地萎缩、环境破坏、生产力下降等情况的判断，得出若2030年中国居民人均消费粮食400千克，则粮食总消费量将达到6.41亿吨，而粮食生产能力只有2.63亿吨，从而不得不进口3.78亿吨粮食来补充供给，也就是说，中国的进口需求将远远超出全球粮食出口量；经济的快速发展将使中国有足够的外汇买断国际市场上的粮食出口，引发国际粮食价格快速上涨，在一定程度上牺牲第三世界贫穷国家人民的利益。布朗关于未来中国粮食问题发展趋势的悲观论断引发了国内外相关机构和学者的激烈争论。N. 亚历山德拉托斯（1996）认为布朗对2030年中国人均粮食消费量达400千克的假定过高；樊胜根等（1997）发现在布朗的模型中，需求过度而供给不足引起的价格上涨并未引起生产者、消费者、研究机构和政府的反应；弗里德里克·科克（1995）也发现布朗模型未考虑市场经济的自我校正作用；日本学者白石和良（1995）认为布朗对中国肉类食品的需求预测增长过快，未考虑畜牧饲养技术进步以及中国对谷物饲料替代品的开发；而D. 盖尔·约翰逊（1995）和刘志仁

（1996）等则认为布朗对于粮食消费量的预测尚可接受。中国的粮食问题引起了世界的广泛关注，国内外的许多学者和研究机构对中国未来的粮食供求状况进行了各种各样的预测。

一 关于粮食需求研究方法

综合性系统模型法 国内外学者和相关研究机构主要是基于一般均衡理论或局部均衡理论构建数量化的农业政策分析模型，从供求平衡的角度来研究中国的粮食问题。例如国际食物政策研究所（IFPRI）开发的 IMPACT 模型、美国农业部的 CPPA 模型（USDA，1997）和 OECF 模型（OECF，1995）、经济合作与发展组织（简称经合组织，OECD）开发的 AGLINK 模型（Roningen，1989；OECD，1989）、陆文聪等（2004）开发的 CARMEM 模型、经合组织（OECD）和联合国粮农组织（FAO）联合开发的 AGLINK – COSIMO 模型（OECD，FAO，2009）。这些模型都是比较复杂的模型，在模型结构、变量选择、参数设计等方面具有很大的差异，从而导致了预测结果存在较大差异。

国际食物政策研究所（IFPRI）开发的 IMPACT 模型是一个主要涉及农业部门的局部均衡模型（Zhang Xiaoyong，2003）。该模型涉及世界上 35 个国家的 17 种农产品，并针对各个国家和地区都有相应的国内供给、需求和价格，针对中国的粮食消费特点，从口粮消费、饲料粮消费以及其他粮食消费三个方面分别做出了需求量的估计。一些学者（Andersen 等，1999；Rosegrant 等，2001；Rosegrant 等，2002）利用升级改进的 IMPACT 模型对全球食物生产、需求和贸易进行了模拟。Mark W. Rosegrant 等（2002）利用 IMPACT – WATER 模型，根据维持现状、水资源危机以及可持续使用等未来水资源利用的三种情景，对 2025 年中国的粮食需求总量和各粮食品种的需求量进行了预测。

黄季焜等（1999）进行了中国粮食供求区域均衡变化研究：通过模型构建与模拟分析建立了农业局部均衡模型——"中国农业政策分析和预测模型（CAPSIM）"。CAPSIM 模型是中国学者在国内学术界首次构建的中国农业局部均衡模型，该模型的许多相关研究成果已在国内外产生很大的学术影响。

分类法 程国强、陈良彪（1998）根据中国人口增长和饲料粮生产的高、中、低三种方案，将粮食需求分解为口粮、饲料粮、工业用粮、种子用粮等项消费，注意到城乡居民食品消费结构的差异和未来居民消费结构的变化，借鉴日本和中国台湾等地的经验，得到了中国2030年高、中、低人口方案的粮食需求量和粮食消费量。朱希刚、冯海发（1995），陆伟国（1996），郭书田（1996），黄季焜（1998），陈亚军（1999），肖海峰（2008）等的预测也都是将粮食消费分为口粮、饲料粮、工业用粮以及种子用粮等来分类计算的。陈永福（2004）对中国粮食消费需求分品种进行了研究，利用省际数据对大米、小麦、玉米、大豆等主要粮食品种的供求平衡进行了研究。廖永松、黄季焜（2004），陆文聪（2004），肖海峰（2008）等对中国粮食未来需求量也进行了分品种研究。廖永松、黄季焜（2004），陈永福（2004），王川、李志强（2007）等对于中国粮食消费需求的研究还考虑到了粮食消费的区域差异。对于粮食消费需求的分类研究有利于考察针对具体用途、品种、地区粮食消费的差异，从而将总的粮食消费需求划分为若干部分，然后根据各自的特点进行研究，增加了预测的准确性；但分类研究往往是从供求平衡的角度去研究粮食需求，仅仅从粮食需求的角度出发，同时考虑粮食消费的用途、品种和地区差异的研究在文献搜索中还未发现，目前尚缺乏。

简单推算法 研究者在对中国粮食消费的历史经验、现实趋势和国际经验进行系统分析的基础上，结合对粮食需求影响因素以及变化趋势的判断，对中国中长期粮食需求进行估计；在对中国人口变化、国民经济发展状况以及居民收入变动趋势等基本国情进行分析后，借鉴与中国居民食物消费结构相似的东亚国家和地区的消费水平，预测中国的人均粮食消费量，然后对中国人口变化趋势进行判断，从而得到中国的粮食消费总量。运用推算法，专家学者们得到了较为中肯的研究结论，代表性成果如梅方权（1995）、康晓光（1996）、梅方权（1996）、马晓河（1997）、程国强和陈良彪（1998）、朱希刚（2004）、姜长云（2006）、梅方权（2009）等。由于用推算法研究粮食消费总量时容易受研究者自身能力的影响，而出现主观片面的错误（姜风、孙瑾，2007），因此，要求研究者具备良好的预测能力和严谨的研究态度。然而，推算法对数据的质量要求不是太高，对于数据序列的完整性和长期性要求较低，但对于研究粮食消费需求的发展趋势却是一个很有效的方法。

二 国内外学者对中国粮食消费需求研究的主要结论

（一）国外学者和机构对中国粮食消费需求的研究

农业产品与贸易的政策分析模型（IMPACT）是由国际食物政策研究所（IFPRI）开发的一个主要涉及农业部门的局部均衡模型（樊胜根，1997；Zhang Xiaoyong，2003）。该模型包括17种农产品，涉及世界上35个国家和地区。每个国家和地区都有特定的国内供给、需求和价格，并和贸易相联系。模型中所使用的弹性都引用了其他研究的成果。该模型将中国的粮食消费需求分为三部分，即口粮消费、饲料粮消费和其他粮食消费。根据消费价格和人均收入得到人均口粮需求，将人均口粮需求和总人口相乘即得到口粮需求量；而饲料粮的需求则是根据畜产品产量、饲料转化率和饲料粮价格来确定的。1995年，IFPRI发表题为"2020年全球粮食预测：投资的作用"的报告，预测2020年中国的粮食消费总量将为7.39亿吨。

Andersen（1999）利用升级改进的IMPACT模型对全球食物生产、需求和贸易进行了模拟，研究表明由于人口增长、城市化以及收入增长引起的生活习惯和食物偏好的改变，2020年全球粮食需求将飞速增长。而Rosegrant（2001）的研究则发现发展中国家对谷物的需求是全球谷物需求增长的主要原因，但由于人口增长速度趋缓、持续经济增长带来的食物消费多样化以及食物消费结构的改善，将使发展中国家的谷物消费需求年增长率从1974~1997年的2.3%降到1997~2020年的1.3%，但由于巨大的、持续增长的城市人口，快速的经济增长，亚洲发展中国家谷物需求的增长将占世界总量的一半以上，其中国将占1/4以上。世界对肉类的需求将飞速上涨，1997~2020年，肉类需求的增长将超过55%，其中中国肉类需求的增长将占世界增长总量的40%。

Rosegrant等（2002）利用IMPACT-WATER模型，对世界主要国家未来水资源及粮食需求情况进行了分析，根据维持现状、水资源危机以及可持续使用等世界未来水资源利用的三种情景，对2025年全球、发达国家、发展中国家（包括中国）粮食的价格和需求状况进行了预测，预计三种情景下中国人均谷物消费量分别为392.8千克、361.7千克、394.3千克，预计中国玉米需求量为2.64亿吨，小麦需求量为1.47亿吨，大豆需求量为0.39亿吨，稻米需求量为1.42亿吨，中国其他谷物需求量共0.28亿吨。

经合组织（OECD）和联合国粮农组织（FAO）（2009）利用联合开发的AGLINK-COSIMO模型对未来10年OECD成员国和一些非OECD成员国的生物燃料、谷物、油籽、糖、肉类和乳制品市场进行预测和评估。预计在假定的宏观经济环境、农业贸易政策以及农业技术等因素下，和假定的气候和农业生产率的长期变化趋势下，中国2020年小麦消费量为1.1亿吨、大米消费量为1.27亿吨（稻谷以65%的转化率计算）。

美国农业部（USDA，2009）的研究发现中国未来畜牧业和粮食工业的扩张会驱动强劲的粮食需求，啤酒需求量的增加将引起作为酿造啤酒的主要原料的大麦需求增加；中国相关政策会优先保证主要谷物的生产从而导致大豆供需的巨大缺口；收入的增长将引起食品消费结构的改变，而人均大米消费量的减少将会抵消人口增长对未来大米需求量的影响，同时人均猪肉和禽肉的消费量将会快速增加。

FAO（2002）的研究发现世界谷物的年需求量的增长速度持续降低，从20世纪70年代的2.5%降到80年代的1.9%和90年代的1%，人均谷物消费量从 80 年代中期的 334 千克降到 2002 年的 317 千克。由于收入的增长，食物消费结构在发展中国家不断改变，谷物和薯类的消费比例在逐渐下降，然而肉类、奶制品以及植物油的消费量不断上升。1964~1966 年和 1997~1999 年，发展中国家人均肉类消费量增长了 150%，奶及奶制品产量增长达到 60%。到 2030 年，人均畜产品消费量增长将达到 44%，和以往一样，猪肉消费将增长更快。

（二）国内学者对中国粮食消费需求研究的主要结论

梅方权（1995）对中国人口以及居民收入变动趋势等基本国情进行分析后，认为到 2020 年，中国居民的膳食营养结构将接近亚洲发达国家和地区的水平，预测中国到 2020 年，人均消费口粮 173 千克，人均粮食需求总量 450 千克，粮食需求量达到 6.93 亿吨，其中 43% 将用于饲料粮；到 2030 年，人均消费口粮 140 千克，人均粮食需求总量稳定在 450 千克，粮食需求量达到 7.37 亿吨，其中饲料粮 3.67 亿吨，占 50%。但在 1996 年，梅方权将 2020 年以及 2030 年中国粮食需求总量的预测值修正为 6.45 亿吨和 7.34 亿吨，其中饲料粮比例未发生变化。此后，梅方权（2009）根据近年来人口增长和国民经济发展现状和将来变化趋势，对预测结果进行了修正，认为到 2020 年中国人均口粮消费 170 千克，口粮消费占粮食总消费量的比例将下降到 45%。粮食需求总量 5.6 亿吨，其中饲料粮 2.36 亿吨，占 43%。

黄季焜等（1996）认为由于城乡人口结构变化，中国人均口粮消费量将从 20 世纪 90 年代初的 225 千克下降到 2020 年的 203 千克；同时，随着收入增长、城乡人口结构变化和农村市场的发展，2020 年中国居民人均肉类消费量将增加 2.5 倍。此后，黄季焜（1998）构建了一个包括中国粮食供给、需求、贸易的模型，预测到 2020 年中国粮食总需求量将达到 5.94 亿吨（稻谷以系数 0.7 换算成大米）。黄季焜（2004）利用中国农业政策分析和模拟模型（CAPSIM），以 2001 年为基期，对中国 2020 年主要农产品的生产、消费和贸易进行了模拟，预计中国2020年粮食的需求总量为5.16亿吨（稻谷以系数0.7换算成大米），并且估计继20世纪80年代中期中国城镇居民多数粮食的收入弹性变为负值后，2010年前后中国农村居民大米和小麦的收入弹性也将变为负值，随着城镇人均口粮消费的不断下降和城市化进程的不断推进，中国人均口粮消费将持续下降。

陈锡康（1995）利用弹性系数法、热量法和食品需求法对2020年、2030年粮食需求量进行初步预测：低方案2020年为6.75亿吨，2030年为7.25亿吨；高方案2020年为7亿吨，2030年为7.8亿吨。低的预测方案和高的预测方案的差别是，前者建立在全国资源节约型消费体系的方针下，即节约粮食，适度控制对肉类消费的过快增长，实行中国式的膳食结构。他预计中国人均粮食需求量2020年为450~466千克，2030年为465~500千克。陈锡康和潘晓明（1997）从收入增长效应、食品含能量和食品消费模式等方面，比照与中国膳食结构相似的日本、新加坡、中国香港和中国台湾等地的经验，重新对中国人均粮食需求量进行了预测，预测结果略低于前期预测值，2020年和2030年中国人均粮食需求量分别为442千克和460千克。

康晓光（1996）在对2000~2050年中国人口和人均GNP进行预测的基础上，预测中国2020年、2030年、2040年、2050年人均粮食需求量分别为388千克、430千克、468千克、516千克，相应年份的粮食总需求量分别为6.11亿吨、7.05亿吨、7.76亿吨、8.67亿吨。黄佩民和俞家宝（1997）在对中国粮食供求平衡进行研究时，认为2020年、2030年中国粮食需求总量分别为6.176亿吨、6.818亿吨。

陆伟国（1996）将中国粮食消费分为生活用粮、饲料粮、工业用粮、种子用粮和其他用粮五部分，主要采用时间序列趋势模型对2020年各项粮食消费进行了预测，预计到2020年中国居民生活用粮消费2.452亿吨，饲料粮消费3.554亿吨，工业用粮消费0.06796亿吨，种子用粮消费0.198亿吨，粮食消费总量为6.603亿吨（损耗量按消费总量的5%计算）。

张笑涓（1997）在对中国粮食消费问题进行回顾的基础上，对未来粮食消费需求趋势进行了展望。他认为中国粮食消费总量将持续增加，2020年以及2030年粮食需求总量将分别达到6.16亿吨和6.52亿吨；粮食消费结构将明显改变，粮食的间接消费将快速增长，2020年饲料粮占粮食消费的比重将达到40%，饲料粮和口粮消费比例将达到1:1；粮食消费的城乡差异和地域差异进一步缩小；粮食的质量型消费更加突出；粮食消费走向科学化和现代化。

程国强等（1998）根据中国人口增长和饲料粮生产的高、中、低三种方案，将粮食需求分解为口粮、饲料粮、工业用粮、种子用粮等项消费量，注意到城乡居民食品消费结构的差异和未来居民消费结构的变化，借鉴日本和中国台湾等地的经验，认为中国2030年人均粮食需求量为400～410千克，高、中、低人口方案的粮食需求量分别为6.4亿吨、6.3亿吨、5.7亿吨。

陈亚军（1999）分别利用增长趋势递推法、人均占有量和粮食消费需求结构等方法对中国2015年粮食消费需求进行了预测，利用增长趋势递推法预测时，采用了1.7%的年增长率，预测2015年粮食消费量为6.3亿吨；利用人均占有量预测时，按人均粮食消费量390～400千克计算，预计2015年人口总数为15.5亿，粮食消费总量6.06亿～6.22亿吨；利用需求结构法进行预测时，预测2015年中国将消费口粮2.6176亿吨，饲料粮2.8935亿吨，工业用粮0.64亿吨，种子用粮0.17亿吨，其他粮食消费0.225亿吨，粮食消费总需求量达6.55亿吨。

朱希刚（2004）在对中国人均粮食需求量变化趋势进行分析的基础上，对2020年中国居民的人均粮食需求量进行了假定，认为2020年中国人均粮食需求量将达到410千克，人口增长率按0.6%计算，从而得到中国2020年的粮食总需求量不会超过6亿吨的结论。

韩俊等（2005）在对中国粮食消费需求的变化特征进行分析后，认为城乡居民口粮消费总量趋降，饲料粮消费将进一步增长，但增长速度会减慢。到2030年，人均粮食消费量预计会在400千克左右。韩俊等通过对中国人均粮食消费历史数据的研究，还发现人均粮食消费量370千克是一个明显的界限，达到这个水平，就能够基本满足目前的食品消费需要，认为以人均400千克来估计中国粮食需求量是偏高的。

姜长云（2006）预测中国2020年的粮食总需求量为5.9961亿吨，粮食消费需求变动的趋势主要有：商品性口粮需求会不断增加，工业用粮将成为未来粮食需求的一个重要的增长点，饲料粮将成为中国粮食消费需求增长的主体。

王川和李志强（2007）详细分析了中国东、中、西部三个不同区域的粮食消费需求现状，并对不同地区的未来粮食消费需求趋势及消费目标进行了判断与预测。预计2020年东部地区粮食需求总量将达到2.6亿多吨。其中，饲料粮预计达到1.7亿多吨，占总消费量的65%；居民口粮消费持续下降，预计减至0.5亿多吨；工业用粮消费将出现快速增长，预计达到0.3亿多吨。中部地区的粮食需求总量将接近1.8亿吨，居民口粮消费继续下降，将降至0.4亿多吨；饲料粮的需求量将接近1亿吨；工业用粮持续增长，预计达到0.26亿吨。西部粮食需求总量将达到1.3亿多吨，饲料粮的需求将超过总需求量的50%，预计将达到0.78亿吨；居民口粮消费持续下降，预计将达到0.45亿吨的水平；工业用粮的需求还将处于一个平稳的状态，预计需求量不足0.07亿吨。

廖永松和黄季焜（2004）利用开发的CAPSIM-PODIUM模型为工具，预测分析了2020年全国及九大流域片包括大米、小麦和玉米等粮食的需求量。此研究表明，人口增加和收入提高后间接引起饲料粮需求增加是未来粮食需求增长的主要原因。翟渠虎（2004）研究发现，到2050年中国人口数量将增加到15.5亿~16亿人，所需粮食将达到6.2亿~6.8亿吨，在分析了中国的城市化进程和生态环境的恶化、耕地面积的不断减少等情况后，得出在土地和水资源等刚性约束、人口的增长、工业化和城市化扩张等背景下，满足中国社会经济发展对农产品需求的压力逐渐加大的结论。

陈永福（2004）对中国大米、小麦、玉米、大豆、畜产品和水产品的供求和预测进行了研究。他从各个品种的供求平衡分析入手，建立了各个品种的分省、自治区、直辖市水平上的供求模型，并依据制定的各种政策方案运用各个品种的供求模型进行了模拟预测。其中，对于玉米、大豆、畜产品和水产品需求的预测，采用了双边对数模型，而对于大米和小麦需求的预测则采用了对数－对数－倒数模型。

肖海峰等（2008）将中国 2020 年的粮食需求分为口粮、饲料粮、工业用粮、种子用粮进行预测，并假定 2020 年中国小麦、稻谷、玉米和大豆等粮食品种的消费量在总的粮食消费中占的比例仍然维持 2004 年的水平。该研究将中国居民口粮消费分城乡居民进行了预测，对于城市居民的口粮消费采用了双对数模型，对于农村居民的口粮消费采用了对数—倒数—对数模型，从中国居民对畜产品和水产品的消费需求出发对饲料粮需求进行了预测，并对中国 2020 年种子用粮进行了估计。

陆文聪（2004）等通过构建一个涉及 18 种（类）主要农产品和 7 个地区的中国农产品区域市场均衡模型 CARMEM 模型，并基于两种不同情景的模拟分析，从全国和地区两个层次上预测和分析了 2006 年和 2010 年中国稻谷、小麦和玉米三种粮食的供求形势。

三　中国粮食需求的影响因素

人口　粮食是人们日常生活的必需品，粮食消费需求同人口数量的增减成正相关（刘志澄，1989），因此人口是粮食消费需求预测中一个极其重要的变量。速水佑次郎（2003）认为人口增长能带来几乎同比例的食品需求增长。1987～2008 年，中国人口自然增长率从 16.61‰ 近乎阶梯式地下降到 5.08‰，虽然中国人口自然增长率呈下降趋势，但中国人口基数巨大，人口增长的绝对数量不容忽视。人均口粮消费量逐渐趋于稳定并略有下降（罗良国等，2005），人均粮食消费量却随收入的增长而增长（黄季焜，1999；蔡承智，2004），人口增长依然是粮食总需求量增长的主要推动力，准确把握未来中国人口发展的趋势是对粮食需求进行合理预测的关键。

城市化水平 城市化是农业人口转变为非农业人口和居住地域从农村迁移到城镇的过程,通常采用城市化率(城市人口占总人口的比重)来衡量城市化水平(黄汉权,2008)。Rae(1998)的研究证实,在许多亚洲国家,控制了价格和收入的影响之后,城市化水平依然对畜产品需求的增加有积极和深远的影响,中国经济发展具有显著的城乡二元特征,城乡居民在收入、价格和生活方式上具有显著差异,相对于农村消费者,城市居民消费较少的粮食和较多的肉、奶制品和水产品(程国强,1998;Huang,2001)。随着中国城市化水平的提高,人口将大量从农村涌入城市,农民身份的变迁和收入的增长,新增城市人口动物性食品消费水平的增量由于城乡结构转变的"大国效应"将大幅度推动中国粮食总体间接消费水平的上升,从而导致粮食总需求的扩张(陈先枢,1998)。黄季焜(1998)在对中国食物消费需求做专门的研究时,得出城市化促进了畜产品、水产品、水果等其他副食品的消费,减少了供给能量为主的粮食的消费的结论。蒋乃华和辛贤等(2002)进一步指出城市化不但增加了畜产品总量的消费,也促进了产品内部的消费结构调整。而Abdulai,Jain和Sharma(1999)虽然也认为城市化将减少人们对谷物的消费,增加对家禽、肉蛋、水产品和牛奶的需求,但蔬菜和水果的消费也将减少,这主要是各国的经济发展阶段不同所致。根据国家统计局课题组的分析预测,2010年以后城市化率将以每年0.6%的速度增长,2030年中国政府希望达到的城市化率为65%。

收入 收入增长是影响食物需求的重要因素之一,随着收入的增长,人们对于食品的需求将日趋多样化(Akira Ishida等,2003)。国内外学者的研究发现,不同食物具有不同的需求收入弹性。Fan,F.(2002)发现,在所有预测模型中,尤其是用作粮食预测的模型中,粮食的需求收入弹性都相当小,有些还是负值,大部分模型的预测结果表明供食用的粮食被认为是低档商品。蒋乃华等(2002)估计的结果显示,乳制品、水产品、牛羊肉和家禽的收入需求弹性都大于1,禽蛋的收入需求弹性接近1,猪肉的收入需求弹性最低,为0.53。速水佑次郎

(2003)则利用人均收入增长率与收入弹性的乘积来估计收入增长对食品消费需求的影响。廖永松（2004）的研究发现收入提高后，口粮消费不富有弹性，居民的人均口粮消费不会有什么变化，但是畜产品和水产品是富有弹性的消费品，畜产品和水产品的消费增长很多，间接地引起饲料粮需求的大幅度增长，尤其是玉米需求的增长。由于需求收入弹性的差异，随着经济增长和人民收入水平的上升，消费者的口粮消费比例将减少，而副食消费比例将逐渐增加。

食物消费结构 收入增长与城镇化是消费需求上升和饮食结构变化的主要影响因素（黄季焜，2004）。20世纪70年代后期以来，中国居民的收入迅速增长，城市、农村居民的食物支出分别从1978年的58%、68%下降为2006年的36%、43%（Tian，2007）。中国加入世界贸易组织后，跨国食品公司和食品零售企业数量的迅速增加，为中国消费者提供了更多的选择，国家统计局公布的数据显示，1995~2007年，中国城镇居民人均口粮消费量基本呈逐年减少趋势，而肉、禽、蛋、鲜奶的消费都有不同程度的增加，其中增长最快的是鲜奶（283%）和禽肉（182%），农村居民的消费结构呈现相同的变化趋势，但绝对消费数量存在较大差异。对于食物消费结构的研究，一般将居民分为城镇居民和农村居民（程国强，1998；何晓丽，2001；石扬令，2004等）。中国地域广大，粮食消费结构的地域、品种差异不容忽视，在文献搜索中，尚未发现这方面的研究。Brian W.等通过利用QUAIDS模型对中国五个省份城市家庭支出调查数据进行分析，证实了食物消费中的替代和互补效应。Jeffrey T.等（2008）在研究美国的食物消费结构时，首先利用Box-Cox方法对调查数据进行了正态转化，采用非线性三阶段最小二乘模型，利用时间序列数据，对21种食品，17种营养，以及年龄、种族和收入分配进行了估计。

在外饮食 在中国居民过去的消费支出中，由于在外饮食的消费支出较少、在外饮食的系统统计数据缺乏，因此中国学者对在外饮食的研究较少。黄季焜（1998）在对中国城镇居民粮食消费的研究中，将城镇居民家庭购买粮食的数量等同于实际的全部消费量，把在外用餐消费的数量忽略不计。但马恒运（2000）指出随着收入的增长，在外饮食对食品总需求的作用越来越大，未来的食品需求在很大程度上将依赖于在外饮食的水平和结构，忽视对在外饮食消费的食物需求的系统估计和食物需求的预测势必产生对食物消费趋势的错误判断，未来食物需求预测必须考虑在外饮食变化及其决定因素。2008年，中国居民人均在外用餐消费支出877.85元，占食品消费支出的20.6%。在外用餐支出占食品消费支出的比重越来越高，在外用餐中的粮食消费数量越来越不能忽略。

四 影响粮食需求预测可靠程度的因素

由于影响粮食消费需求的因素众多，并且许多因素带有一定的不确定性（姜风、孙瑾，2007；肖海峰等，2008），预测者使用的统计数据多为二手数据，这些数据缺乏可靠性（钟甫宁，1997；卢峰，1998；克劳德·奥伯特，1999；李成贵，2000；蒋乃华，2002），有些统计指标缺乏完整、系统的统计数据，有些资料统计口径不一致，加上不同预测者所选用方法的不同、对宏观经济变量假定的不同（樊胜根、莫塞迪塔·索姆比拉，1997），因此，不同机构和学者对中国未来粮食消费需求的预测是不同的，甚至还存在较大差异，准确预测中国未来的粮食消费需求量是非常困难的。

宏观经济假定 从中长期的角度看，人口增长率、城市化率以及收入增长率等宏观经济假定的变化往往带有很大的不确定性，中国人口基数巨大，这些因素一个微小的变化都会带来最终预测结果的很大差别，如果将过去已有的不同学者或研究机构对中国粮食消费预测的前提假定与经济社会发展的实际情况相对照，就会发现有不少研究假定与真实情况相去甚远，预测的可靠性也就无从谈起。通过文献回顾可以发现，不同研究对于未来各阶段人口数量和人口变化趋势的判断是不同的，甚至还存在很大的差别，这也是中国中长期粮食需求预测存在重大差别的重要原因之一。在早期的研究中，一般都过高地估计了中国人口的增长趋势，20世纪90年代中期很多学者预测中国人口将在2030年达到峰值，预计将超过16亿人，而十年之后，根据世界银行2005年对中国人口的预测，中国将在2030年达到峰值14.4亿人。因此，对宏观经济变量的合理估计就显得尤为重要。

统计数据的真实性　对于中国官方统计数据的真实性，比较典型的是一些学者在研究中发现中国的肉类产品统计数据严重失真（程国强，1997；钟甫宁，1997；Frank Fuller，1998），蒋乃华（2002）还对全国及分省肉类产品统计数据进行了调整。统计预测是指以实际的反映事物过去发展规律性的调查统计资料为依据，对客观事物未来发展变化进行的定量推断。统计数据是预测的基础，统计数据系统性、可信度的缺失往往使预测失去可靠性。

预测方法的选择　许多学者对中国粮食的中长期需求进行了预测，主要的预测方法可分为两大类：推算法和模型法。一些学者通过比较近年来对中国粮食需求的研究结果与现实的差异后发现，只要研究者具备良好的相关预测素质和严肃认真的研究态度，则采用推算法的预测结果，往往更符合实际（姜风、孙瑾，2007）。利用历史数据拟合的经济数学模型，虽然可以在一定程度上克服推算法预测过程中的主观片面的问题，但是利用模型法进行预测，需要预测者掌握系统完整的数据和科学可靠的模型统计技术。

五　研究进展述评

通过上述对中国粮食消费需求相关研究文献的回顾，不难发现国内外学者和研究机构对中国粮食消费问题进行了大量研究，并获得了丰富的研究成果。采用了多种不同的研究方法，主要包括综合系统模型法、分类法以及简单推算法，在研究中能够考虑影响粮食消费需求的诸多因素：人口、城市化、收入以及消费结构等因素，使用各种计量经济方法以及数理统计方法对粮食消费趋势进行估计。这些研究对于本研究的顺利完成具有较高的借鉴价值。鉴于已有的研究成果和方法，本研究将在下面三方面进行深入探讨。

第一，由于研究目标的不同，多数研究是从中国粮食供求平衡的角度研究粮食需求问题，一些国外机构开发的综合系统模型往往是在中国全国层面研究粮食消费需求，尚未考虑中国粮食消费的品种差别，将粮食分品种分用途进行消费需求的研究还不多见。

第二，在研究方法上，不拘泥于单一的研究方法。不能局限于研究者的经验进行简单估计，或采用过于复杂而缺乏实用性的模型，而应将多种研究方法相结合，采用有效的数理方法或计量方法进行分析。

第三，在准确把握中国粮食消费现状的基础上，探索国内外研究进展和发展前沿，借鉴国际经验，建立一个包含稻谷、玉米、小麦和大豆四个粮食品种需求子模型的预测模型，对中国人民生活达到全面小康水平时（2020年）、基本实现工业化和人口达到峰值时（2030年），以及经济社会发展达到中等发达国家水平时（2050年）粮食需求的品种结构、用途结构趋势进行预测。

第四节　研究思路与方法

一　研究思路与技术路线

本研究主要以消费需求理论、弹性理论和消费者偏好理论为理论基础，通过界定研究中粮食和粮食需求的内涵，对中长期中国粮食需求的相关影响因素及其变动趋势进行科学判断，深入分析中国现阶段粮食消费的总量、各粮食品种消费特征与格局，构建粮食需求结构模型，对中国粮食消费总量以及主要粮食品种的中长期需求趋势进行研究。首先，根据对国际粮食消费趋势的分析和相关国家和地区（尤其是东亚地区）粮食消费经验的借鉴，利用新陈代谢的GM（1，1）模型对中国粮食消费总量趋势进行定性和定量分析；其次，构建需求模型对主要粮食品种进行分品种研究，针对不同品种的消费特点，通过构建结构模型，对中长期不同情境下各主要粮食品种的需求趋势进行预测；最后，结合前面研究得到的中国中长期粮食需求总量和各主要粮食品种需求情况的相关结论，提出中国工业化、城市化过程中有效保障粮食需求的政策措施和建议，为确保中国中长期粮食安全提供借鉴。本研究的技术路线如图1－1所示。

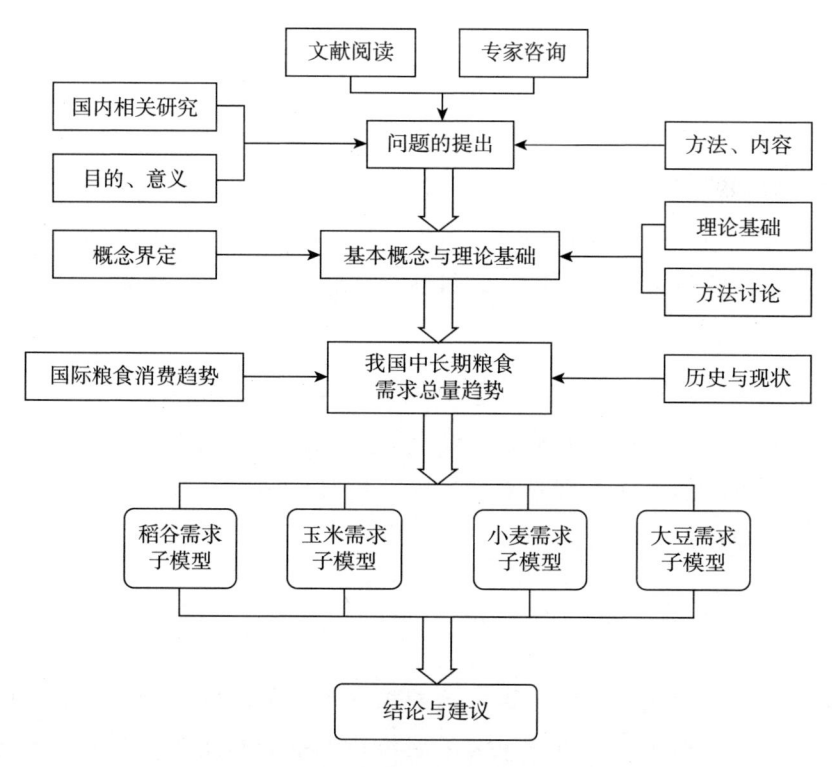

图1－1　本研究的技术路线

二　主要研究方法

本研究综合运用西方经济学、计量经济学、数理经济学的原理和方法，重点研究中国中长期粮食需求总量趋势、主要粮食品种需求特征和趋势，并提出相关对策与建议，以期为政府机构制定政策措施以合理调剂粮食品种结构余缺提供有益参考，为合理配置粮食生产资源、提高资源利用效率提供科学依据。主要采用的方法大体归类如下。

文献阅读整理分析方法 对国内外学者关于粮食需求研究方法、粮食需求研究结论、粮食需求的影响因素和影响粮食需求预测可靠程度的因素相关研究成果进行了评述。

理论分析与对比分析相结合 利用需求理论、弹性理论等经济理论对中国主要粮食品种需求趋势进行研究；在对具体品种消费特征进行研究时，利用对比分析法中的绝对数比较和相对数比较，对相关粮食品种消费需求的特征和规律进行评价。

定性分析与定量分析相结合 定性分析是对事物的性质、特征、形式进行抽象的理论思维，而定量分析则对事物进行具体的量化分析。本研究在借鉴国外粮食消费趋势，对中国中长期粮食消费的方向做出判断时采用定性分析方法，而通过大量数据和结构化需求模型对中国粮食需求进行预测则属于定量分析。

数理经济方法 关于中长期中国粮食消费总量的研究，本研究采用了 GM（1，1）新陈代谢模型，对于稻谷、玉米、小麦、大豆等主要粮食品种需求模型的建立则是通过深入分析具体粮食品种的消费特点，采用了结构化模型的形式。

三 主要研究内容与结构

第一章为绪论：介绍中国中长期粮食需求问题的背景，通过国内外文献的阅读、梳理和分析，了解中国粮食需求问题的相关研究成果和进展，从而提出自己的研究思路、技术路线、研究方法和创新点。

第二章为基本概念和理论基础：对研究中的基本概念进行了界定，从收入消费理论、弹性理论、消费者偏好理论和需求层次理论等基本理论出发，寻求中长期粮食需求问题的理论基础；研究灰色系统理论、线性函数模型以及对数线性函数模型等需求预测方法，为后面的研究分析奠定理论基础。

第三章为粮食消费的国际趋势与经验：首先对国际粮食消费现状和

趋势进行分析，然后对欧美和日韩等国粮食消费结构变动和特征进行研究，最后根据国际粮食消费趋势和相关国家，尤其是和中国资源禀赋、饮食习惯相似的日本、韩国的粮食消费规律，对中国粮食消费总体趋势进行判断。

第四章为粮食消费的影响因素及其趋势分析：对转型期中国人口、城市化进程、国家经济发展与国民收入增长、粮食价格、工业化进程、粮食消费政策、畜牧业发展等影响粮食消费的因素进行分析，并对这些因素在中长期内的变化趋势做出判断。

第五章为中国粮食消费的历史、现状与趋势：将中国粮食消费的历史划分为四个阶段，分析了现阶段中国粮食消费总量的用途结构、品种结构和城乡消费差异，利用 GM（1，1）新陈代谢模型对中长期粮食消费量进行了模拟，对中国粮食消费的中长期总体趋势进行了展望。

第六、七、八、九章对中国的稻谷、玉米、小麦以及大豆等主要粮食品种需求的中长期趋势进行分析。各章首先对这些粮食品种的消费特征和结构进行分析，包括总量和各种用途的年度变化、消费结构、区域差异和品种特征，然后在对具体粮食品种消费特征和消费影响因素进行把握的基础上建立结构化模型，对具体粮食品种中长期趋势进行预测。

第十章得出本研究的基本结论，结合以上的定性分析和定量分析，提出保障中国中长期粮食需求的政策建议。最后总结本研究的不足之处，并提出未来进一步研究的方向。

第五节　研究创新与不足

一　研究的主要创新

对粮食需求问题研究的深入　国内外对中国中长期粮食需求的研究往往是从供求平衡的角度出发，对粮食需求总量进行研究。本研究不仅有对粮食需求总量的研究，还对主要粮食品种消费问题进行深入研究；在对具体粮食品种消费结构和消费特征进行分析的基础上，把握影响粮食消费的关键因素，建立结构化需求模型，应用弹性理论对各粮食品种的需求弹性进行测算；并根据三种模拟方案，对中国居民生活达到全面小康水平时（2020年）、基本实现工业化时（2030年）、人口达到峰值以及经济社会发展达到中等发达国家水平时（2050年）各粮食品种的各类用途需求数量和比重进行了定量模拟。目前，在资料搜集和文献检索过程中类似的研究还未发现。

对粮食消费影响因素的重新评估 宏观经济假定在对粮食需求趋势的判断中起着重要作用，中国地域广大、人口众多，影响粮食消费的因素非常复杂，具有不确定性，并且当前中国正处于经济发展加速转型的重要时期，宏微观经济因素呈现出新的变化趋势，一些新的影响因素也在不断形成。本研究重新评估了中长期影响粮食消费的相关因素及其变化趋势，对于中长期内中国人口总量、人口结构等因素变化趋势的判断较前人的研究更加客观。

二 研究不足

本研究的不足之处主要表现在以下几个方面。

（1）由于统计数据获取、人力和时间的限制，本研究仅以中国粮食需求总量以及稻谷、小麦、玉米和大豆等主要粮食品种为研究对象进行消费现状和中长期需求模拟分析，对其他非主要粮食品种的需求情况没有进行专门研究，得出的结论只能大体反映中国未来的粮食需求问题，对非主要粮食品种全面加以考察是后续研究的重点。

（2）通过对各主要粮食品种消费状况的深入分析，研究中选取影响具体粮食品种各类需求的关键因素构建了结构化的需求模型，但影响粮食需求的因素纷繁复杂，对于中长期粮食需求趋势的研究，要想得到更加科学和理想的研究结论，对相关影响因素及其发展趋势还应进一步挖掘。

（3）鉴于本研究现有数据和模型结构的复杂性，考虑到国家宏观粮食政策的调控目标，本研究模型中均假定各粮食品种的价格长期内以一稳定速度增长，尚未充分考虑国际市场供求关系对粮食价格的影响，在以后的研究中需要进一步探讨。

第二章　基本概念与理论基础

第一节　基本概念与范畴的界定

一　粮食

在英语中,"food""cereal""grain"都含有粮食的意思。根据《美国传统词典》的注释,"food"是"食物、粮食"的意思,通常是源于植物和动物的物质,包含人体所需营养的基本成分如碳水化合物、脂肪、蛋白质、维生素和矿物质等,由产生能量、促进发育和维持生命的组织消化并吸收;"cereal"是谷物的意思,主要是指小麦、燕麦或玉米等禾本科植物,其淀粉可作为食物;"grain"则是指可以食用的植物颗粒或农作物本身。

不同的学者和机构根据其研究的实际需要对粮食做了不同的定义。FAO定义的粮食包括已碾磨的稻谷、小麦、玉米和其他粗粮,共包括17种谷物,如稻谷、小麦、玉米、大麦、黑麦、燕麦、小米、高粱和混合粮食等;USDA（1997）定义的粮食包括大米（稻谷已碾磨）、小麦、玉米、大麦、高粱、燕麦、小米、黑麦和混合粮食;OECD将粮食定义为小麦、大米（以研磨过的形式计量）、玉米、高粱、小米、大麦和燕麦,布朗等人以及世界银行使用同样的定义;OECD（1995）沿用中国政府相关部门使用过的定义，其粮食的定义不仅包括美国农业部所定义的那些种类，还包括马铃薯（转化成粮食应用5∶1的比例）、豆类以及其他粮食诸如荞麦等。

中国人口众多，政府一直把解决人们的吃饭问题放在首要位置。长期以来，由于食物资源的匮乏，在中国人们把能够解决吃饭问题的农作物产品都称为粮食，因此，中国学者和相关研究机构定义的粮食概念比较宽泛，主要包括谷物、豆类和薯类。国家统计局（2009）定义粮食为谷物、豆类、薯类和其他杂粮（如荞麦），其中，谷物包括稻谷、小麦、玉米、高粱、小米、大麦和燕麦等，但不包括油菜籽；薯类（仅指马铃薯和甘薯）根据重量按5∶1的比例转化为粮食，其他粮食一律按脱粒后的原粮计算，《国家粮食安全中长期规划纲要》（国家发改委，2008）中的粮食概念与此一致。本研究中的粮食概念与中国相关机构的粮食统计口径保持一致，首先将对中国粮食消费的总量进行研究，继而选择主要粮食大类稻谷、小麦、玉米和大豆进行分类研究。这样一来将易于被政府部门借鉴和采纳，分品种的研究则有利于分析不同品种的相互替代性和粮食品种需求结构的变化趋势。

二 消费

消费是人类生存与发展的基本条件和重要内容，是人类通过对消费品的使用和消耗来满足再生产需要的一种经济行为。马克思社会再生产理论认为，消费是社会再生产过程中的一个重要环节，离开了消费，社会再生产便无法继续进行，而无论什么社会，生产过程都必须是周而复始、连续不断的。消费不仅是社会再生产过程的重要环节，还是经济增长的关键动力。消费具体可以划分为两类：一类是生产消费，另一类是生活消费。生产消费是物质资料生产过程中生产资料和生活劳动的使用和消耗；生活消费是人们为了满足个人生活需要而对已经生产出的物质资料和精神产品进行的消费，是人们恢复劳动力和劳动力再生产必不可少的条件。本研究中的粮食消费中的口粮消费属于生活消费，而饲料消费、工业加工消费和种子消费则属于生产消费。

三 需求

一种商品的需求是指消费者在一定时期内在各种可能的价格水平下愿意而且能够购买的该商品的数量。如果消费者对某种商品只有购买的欲望而没有购买的能力，就不能算作需求。需求必须是指既有购买欲望又有购买能力的有效需求。一种商品的需求数量是由许多因素决定的，其中主要的因素有：该商品的价格、消费者的收入水平、相关商品的价格、消费者的偏好和消费者对该商品的价格预期等。一种商品的需求量可以看成是所有影响该商品需求量的因素的函数。本研究中的粮食需求主要包括口粮需求、饲料粮需求、工业用粮需求和种子用粮需求。

第二节 理论基础

一 收入消费理论

在宏观经济学中，消费指某一时期一个人或一国用于消费品的总支出，消费支出包括所有那些已经购买的商品，其中有些商品的使用时限要远高出考察时间，如家具、衣服和汽车的消费支出。消费需求的满足程度不仅取决于社会生产力的发展水平，而且受制于人们的收入水平、社会所能提供的消费品收入分配制度、人们的风俗习惯等因素，它的发展是一个历史的过程。随着社会生产力的不断发展和消费品的不断丰富，人们消费需求的范围不断扩大，消费水平不断提高。粮食作为一种特殊的消费品，其消费变化过程也具有类似的特征。

马歇尔的需求理论 20世纪30年代以前，处于支配地位的正统理论是马歇尔的需求理论，这种消费需求理论的特点是：在消费者收入不变的前提下，商品价格的变动将引起商品销售数量的变动，消费者所获得的商品数量根据价格的升降呈反方向变动。马歇尔将边际效用递减规律转化为边际需求价格递减规律，并在此基础上提出了需求弹性理论，当价格变动或收入变动时，利用需求弹性理论说明需求变动的反应程度。而恩格尔系数是衡量消费者消费质量高低的重要手段。

收入假定理论 根据消费经济理论，收入是影响消费需求的主要因素，消费是收入的函数，可以根据可支配收入建立消费函数，进而研究消费与可支配收入的变化及其数量关系。对于消费函数中的收入，不同学者有不同的理解，如著名英国经济学家凯恩斯（Keynes，1936）提出的绝对收入假说（Absolute Income Hypothesis，AIH），美国经济学家杜森贝里（Duesenberry，1949）提出的相对收入假说（Relative Income Hypothesis，RIH），莫迪利安尼（Modigliani，1966）提出的生命周期假说（Life Cycle Hypothesis，LCH）和美国经济学家弗里德曼（Friedman，1957）提出的持久收入假说（Permanent Income Hypothesis，PIH），他们对于消费函数中的收入做出了各种解释。对于本研究中的粮食消费问题，人们的粮食消费量主要受当期收入的影响，即当期收入是粮食需求函数中一个重要的自变量。

二 需求层次理论

1954年，心理学家马斯洛提出了著名的需求层次理论。他按照重要程度将人类的需要分了五个层次：一是生理需要，这是人类最基本、最原始的需要，包括维持生存所必需的衣、食、住、行、医疗等需要，这是人类首先满足的需要；二是安全上的需要，当生理需要得到满足之后，就会出现安全需要，指个体避免外界危险和危害事件的需要，包括生命、财产、环境安全，社会、职业稳定，生活有保障，等等；三是社交的需要，指人们从事社会活动，人际交往自由、平等的需要；四是尊重的需要，即个体自尊、人格尊严的需要；五是自我实现的需要，即个体更能实现自我价值、人格升华的需要，包括事业的成功和理想的实现。马斯洛认为人们的需要是逐层上升的，只有较低层次的需要满足之后才会追求较高层次的需要，具有一定的机械主义色彩。粮食消费需求在需求层次的最底端，是人们需要首先满足的需求，实际上粮食消费需求也是分层次的，消费者在满足基本的温饱型需求后，粮食需求将趋向营养型、健康型、均衡性等更高层次。

三　弹性理论

弹性概念在经济学中得到非常广泛的应用。当经济变量之间存在函数关系时，弹性被用来描述因变量的相对变化对于自变量的相对变化的反应程度。也就是说，当自变量变化1%时，相应的因变量变化的百分比。假设两个经济变量之间的函数关系为 $y=f(x)$，若以 Δx 和 Δy 为两个变量的变化量，以 e 为弹性系数，则弹性公式为：

$$e = \frac{\Delta Y}{Y} \bigg/ \frac{\Delta X}{X} = \frac{\Delta Y}{\Delta X} \frac{X}{Y} \qquad (2-1)$$

当两个经济变量的变化趋于无穷小时，弹性就等于因变量的无穷小的变动率与自变量的无穷小的变动率，即 $\Delta x \to 0$，并且 $\Delta y \to 0$ 时，弹性公式为：

$$e = \lim_{\Delta x \to 0} \frac{\frac{\Delta Y}{Y}}{\frac{\Delta X}{X}} = \frac{\frac{dY}{Y}}{\frac{dX}{X}} = \frac{dY}{dX} \frac{X}{Y} \qquad (2-2)$$

通常将式（2-1）称为弧弹性公式，式（2-2）称为点弹性公式。

在西方经济学中，需求弹性包括需求价格弹性、需求的交叉弹性和需求收入弹性等。

需求价格弹性（price elasticity of demand）　需求价格弹性通常被简称为需求弹性，指的是某种商品需求量的变动率与该商品价格的变动率之比，它用来描述某种商品的需求量对其价格变动的反应程度。假定需求函数为 $Q=f(P)$，以 ΔQ 和 ΔP 分别表示需求量和价格的变动，若以 e_d 表示弹性系数，则需求弹性的公式为：

$$e_d = -\frac{\frac{\Delta Q}{Q}}{\frac{\Delta P}{P}} = -\frac{\Delta Q}{\Delta P}\frac{P}{Q} \qquad (2-3)$$

一般情况下,商品的需求量和价格成反向变动,即 $\frac{\Delta Q}{\Delta P}<0$,为了便于比较,在公式中加入了符号,以保证弹性系数 e_d 为正值。公式(2-3)可以作为需求弧弹性的公式。当需求函数中价格的变化量趋于零,需求量的变化也趋于零时,需求弹性要用点弹性来表示。它反映的是当价格有一个无穷小的变动率的时候,需求量的无穷小的变动率的相对反应程度。若以 dQ 和 dP 分别表示需求量和价格的无穷小变动量,则需求点弹性的公式为:

$$e_d = -\frac{\frac{\mathrm{d}Q}{Q}}{\frac{\mathrm{d}P}{P}} = -\frac{\mathrm{d}Q}{\mathrm{d}P}\frac{P}{Q} \qquad (2-4)$$

根据需求价格弹性值的大小,需求价格弹性可以划分成以下五类。

(1) 缺乏弹性(inelastic)

$0<e_d<1$,表示价格变动 1% 时,需求量的变动幅度小于 1%。生活必需品大多缺乏弹性。本研究中的粮食需求弹性,尤其是作为口粮的稻谷和小麦的需求弹性是很小的,不论价格如何变化,人们的口粮需求变化均不会太大。

(2) 富有弹性(elastic)

$1<e_d<+\infty$,表示价格变动 1% 时,需求量的变动幅度大于 1%。奢侈品大多富有弹性。

(3) 单一弹性(unit elastic)

$e_d=1$,表示价格变动 1% 时,需求量的变动幅度也正好等于 1%。此时,需求曲线为一条正双曲线。

(4) 完全有弹性(perfectly elastic)

$e_d \rightarrow +\infty$,表示价格变动 1% 时,需求量的变动为无穷大。完全有弹性的需求曲线为一条水平线。

（5）完全无弹性（perfectly inelastic）

$e_d = 0$，表示不管价格如何变动，需求量始终不变。完全无弹性的需求曲线为一条垂线。

影响需求价格弹性大小的因素有很多，主要有以下几个方面：第一，商品的可替代性，替代品的多少与替代程度的高低与需求价格弹性成正相关；第二，商品用途的广泛性，商品用途的多少与需求价格弹性成正相关；第三，商品对消费者生活的重要程度，生活必需品的需求弹性较小，非必需品的需求弹性较大，本研究中粮食的需求弹性是较小的；第四，对某种商品的支出在消费者预算总支出中所占的比重越大，此商品的需求弹性可能越大，反之越小；第五，消费者调节需求所用的时间，所考虑的时间越长，需求弹性就可能越大。

需求的交叉弹性（cross elasticity of demand） 需求的交叉弹性是指某种商品需求量的变动率与另一种商品的价格变动率之比，反映某种商品的需求量对另一种商品的价格变动的反应程度。需求的交叉弹性是某种商品的需求量的变动率和它的相关商品的价格变动率的比值。假定商品 X 的需求量 Q_x 是它的另一相关商品 Y 的价格 P_y 的函数，即 $Q_x = f(P_y)$，则商品 X 的交叉弧弹性公式如下：

$$e_{xy} = \frac{\frac{\Delta Q_x}{Q_x}}{\frac{\Delta P_y}{P_y}} = \frac{\Delta Q_x P_y}{\Delta P_y Q_x} \tag{2-5}$$

其中，ΔQ_x 表示商品 X 的需求量的变化量，ΔP_y 表示商品 Y 的价格的变化量，e_{xy} 表示商品 Y 的价格发生变化时商品 X 的需求的交叉弹性系数。

当商品 X 的需求量的变化量 ΔQ_x 和商品 Y 的价格变化量 ΔP_y 均为无穷小时，商品 X 的交叉点弹性公式为：

$$e_{xy} = \lim_{\Delta P_y \to 0} \frac{\frac{\Delta Q_x}{Q_x}}{\frac{\Delta P_y}{P_y}} = \frac{\frac{dQ_x}{Q_x}}{\frac{dP_y}{P_y}} = \frac{dQ_x}{dP_y} \frac{P_y}{Q_x} \qquad (2-6)$$

当 $e_{xy} > 0$ 时，表示商品 X 的需求量与商品 Y 的价格成正相关，商品 Y 的价格越高，商品 X 的需求量越大，此时商品 X 和商品 Y 互为替代品；而当 $e_{xy} < 0$ 时，商品 X 的需求量与商品 Y 的价格成负相关，商品 Y 的价格越高，商品 X 的需求量越小，此时商品 X 和商品 Y 互为互补品。商品之间的关系可以通过需求交叉弹性的符号来反映。

需求收入弹性（income elasticity of demand） 需求价格弹性和需求的交叉弹性反映了商品需求数量与商品价格之间的关系，而需求收入弹性则反映了消费者的收入与商品的需求量之间的关系，需求收入弹性是指某种商品的需求量的变动率与消费者收入的变动率之比，用来反映某种商品的需求量对消费者收入变动的反应程度。假定商品 X 的需求量 Q 是消费者收入 M 的函数，即 $Q = f(M)$，则商品 X 的需求的收入弧弹性公式如下：

$$e_M = \frac{\frac{\Delta Q}{Q}}{\frac{\Delta M}{M}} = \frac{\Delta Q}{\Delta M} \frac{M}{Q} \qquad (2-7)$$

当商品 X 的需求量的变化量 ΔQ 和消费者收入的变化量 ΔM 均为无穷小时，商品 X 的交叉点弹性公式为：

$$e_M = \lim_{\Delta M \to 0} \frac{\frac{\Delta Q}{Q}}{\frac{\Delta M}{M}} = \frac{\frac{dQ}{Q}}{\frac{dM}{M}} = \frac{dQ}{dM} \frac{M}{Q} \qquad (2-8)$$

当 $e_M > 0$ 时，消费者的收入与其对某些商品的需求同向变化，我们称这些商品为正常商品，其中当 $0 < e_M < 1$ 时，消费者对某些商品需求的变化量小于其收入的变化量，我们称这些商品为生活必需品；而当 $e_M > 1$ 时，消费者对某些商品需求的变化量大于其收入的变化量，我们称这些商品为奢侈品或高档商品；当 $e_M < 0$ 时，消费者的收入与其对某些商品的需求反向变化，称这些商品为劣等品或低档商品。

四 消费偏好理论

消费偏好是指消费者对特定的商品产生特殊的信任，反复、习惯地消费同一商品。常见的偏好主要有：习惯、方便和求名。习惯是由于消费者行为方式的定型化，经常消费某种商品或经常采取某种消费方式，从而使消费者心理产生一种定向的结果。几乎每个消费者都有这种动机，只是习惯的方面及稳定程度不同；一些消费者把方便与否作为选择消费品、劳务和消费方式的首要标准，以求在消费活动中最大限度地节约时间和精力。Anders On（1971）针对便利导向的概念进行了实证研究，发现可以把消费者划分为便利导向和非便利导向两种类型；Yale 和 Morganosky（1986）则进一步将便利导向定义为顾客希望以最少的时间和精力付出完成某项交易任务。某些消费者把消费品的名气作为是否选择的前提条件，这种现象的出现多是基于消费者对名牌商品质量的信任，有时也受消费者情感动机的影响，受收入和产品价格的约束。中国居民粮食消费行为中的消费偏好突出表现为口粮消费中的南北差异。

第三节 预测分析方法

迄今为止，众多的学者和机构利用不同的预测方法对中国粮食需求问题进行了研究，但是至今还没有任何一种方法或模型被学术界公认为是最理想的、最完美的方法或模型，即便是复杂程度较高的模型也不一定能保证预测精度（徐国祥，2005），因此，对于中长期粮食需求预测，不能过多地计较其具体结论数值，而要更多地注意通过研究结论所反映出来的变化趋势。当然，虽然中长期粮食需求预测结果的精度难以保证，但是通过对研究问题的深入把握，科学设置研究假定，仍能提高数据可靠性和模型估计技术的科学性，预测结果也是较为合理可靠的。本研究运用 GM（1，1）新陈代谢模型预测中国中长期粮食需求总量，利用对数线性需求函数建立结构化模型对具体粮食品种需求情况进行分析。

一 灰色系统理论

对客观事物的本质进行认识，首先必须把握这个事物的整体，这就是系统的观点。任何系统都包含若干子系统，同时被若干子系统包围，是复杂的、多层次的子系统的集合。系统的性能由这些子系统之间的关系决定，系统性能或本质有时发生变化，成为新的系统，新系统与外界会重新建立相对平衡关系。研究系统的理论和方法很多，灰色系统理论由"黑箱"和"灰箱"演变而来，1953 年英国科学家 A. Bsio 用闭盒与黑盒来称呼内部信息未知的对象。自此以后，人们就把内部特性已知的信息系统，称为白色系统；把未知的信息系统，称为黑色系统；把既含有已知的又含有未知的信息系统，称为灰色系统。也就是说，灰色系统是指既含有已知的又含有未知的信息的系统。灰色系统理论由华中科技大学邓聚龙教授创立于 1982 年，运用控制论和运筹学相结合的数学方法来解决贫信息系统的问题，提供了解决系统问题的新途径。贫信息或者灰信息的系统，都称为灰色系统，利用灰色系统中的离乱观测数据，可以建立系统的灰色模型，当系统的概率特性或隶属特性不能确定时，灰色系统模型就显现出突出的优越性。

建模是灰色系统的基础工作，针对时间序列的 GM（Grey Model）建模是灰色系统建模中最具特色的部分，利用系统信息使抽象的概念量化，量化的概念模型化，最后进行模型优化，直接将时间序列数据化转化为微分方程。灰色系统理论认为非确定性量是灰色量，用灰色理论进行处理，可以尽可能真实地描述客观事物的运行规律。根据过去及现在已知的或非确知的信息，建立一个从过去推测将来的 GM 模型，确定系统在未来发展变化的趋势，这个过程叫作灰色预测。而灰色预测的类型很多，本研究中用到的灰色预测模型为等时间间隔的数列预测模型，其预测步骤如下。

假定原始数列序列为：

$$X^{(0)}(t) = (x^{(0)}(1), x^{(0)}(2), \cdots, x^{(0)}(n))$$

将 $X^{(0)}(t)$ 进行累加，得到新数列：

$$X^{(1)}(t) = (x^{(1)}(1), x^{(1)}(2), \cdots, x^{(1)}(n))$$

构造矩阵 B 和 Y_n：

$$B = \begin{bmatrix} -1/2[X^{(1)}(1) + X^{(1)}(2)] & 1 \\ -1/2[X^{(1)}(2) + X^{(1)}(3)] & 1 \\ \vdots & \vdots \\ -1/2[X^{(1)}(n-1) + X^{(2)}(n)] & 1 \end{bmatrix}, \quad Y = \begin{bmatrix} x^{(0)}(2) \\ x^{(0)}(3) \\ \vdots \\ x^{(0)}(n) \end{bmatrix}$$

则 GM（1，1）模型 $x^{(0)}(k) + az^{(1)}(k) = b$ 的最小二乘估计参数列满足：

$$\hat{a} = (B^T B)^{-1} B^T Y$$

建立 GM（1，1）模型：

$$\frac{\mathrm{d}x^{(1)}}{\mathrm{d}t} + ax^{(1)} = u$$

白化方程 $\frac{\mathrm{d}x^{(1)}}{\mathrm{d}t} + ax^{(1)} = b$ 的解，也称时间响应函数为：

$$x^{(1)}(t) = \left(x^{(1)}(1) - \frac{b}{a}\right)e^{-at} + \frac{b}{a} \tag{2-9}$$

GM（1，1）模型 $x^{(0)}(k) + az^{(1)}(k) = b$ 的时间响应序列为：

$$\hat{x}^{(1)}(k+1) = \left(x^{(0)}(1) - \frac{b}{a}\right)e^{-ak} + \frac{b}{a}; \quad k = 1, 2, \cdots, n \tag{2-10}$$

还原值为：

$$\hat{x}^{(0)}(k+1) = \alpha^{(1)}\hat{x}^{(1)}(k+1) = \hat{x}^{(1)}(k+1) - \hat{x}^{(1)}(k)$$

$$= (1 - e^a)\left(x^{(0)}(1) - \frac{b}{a}\right)e^{-ak}; \quad k = 1, 2, \cdots, n$$

二 GM（1，1）三大检验方法

（1）残差检验

利用公式 $q^{(0)}(t) = |x^{(0)}(t) - \hat{x}^{(1)}(t)|$ 可以得到原始数列与预测数列的绝对误差数列，其中，$t = 1, 2, \cdots, n$，相对误差 $e(t) = q^{(0)}(t)/x^{(0)}(t)$，拟合精度 $p^0 = \left(1 - \frac{1}{n-1}\sum_{i=1}^{n-1} e(t)\right) \times 100\%$，若 $e(t) \leq 0.08$ 或者 $p^0 \geq 92\%$，则认为模型可以通过检验。

（2）关联度检验

预测数列：$\hat{x}^{(0)}(k) = \{\hat{x}^{(0)}(1), \hat{x}^{(0)}(2), \cdots, \hat{x}^{(0)}(n)\}$

与原数列：$x^{(0)}(k) = \{x^{(0)}(1), x^{(0)}(2), \cdots, x^{(0)}(n)\}$ 的关联系数为：

$$\eta(k) = \frac{\min\min|\hat{x}^{(0)}(k) - x^{(0)}(k)| + \rho\max\max|\hat{x}^{(0)}(k) - x^{(0)}(k)|}{|\hat{x}^{(0)}(k) - \hat{x}^{(0)}(k)| + \rho\max\max|\hat{x}^{(0)}(k) - x^{(0)}(k)|}$$

那么关联度为：

$$r = \frac{1}{n}\sum_{k=1}^{n} \eta(k) \tag{2-11}$$

其中，ρ 为分辨率，一般取 $\rho = 0.5$，当 $\rho = 0.5$ 时，$r > 0.6$，则说明预测效果较好。

（3）模型精确度后验残差检验

第一步：求 $x^{(0)}(t)$ 的平均值 $\bar{x}$

$$\bar{x} = \frac{1}{n}\sum_{t=1}^{n} x^{(0)}(t)$$

第二步：求 $x^{(0)}(t)$ 的方差 s_1^2

$$s_1^2 = \frac{1}{n}\sum_{t=1}^{n} [x^{(0)}(t) - \bar{x}]^2$$

第三步：求残差 $q^{(0)}(t)$ 的平均值 $\bar{q}$

$$\bar{q} = \frac{1}{n}\sum_{t=1}^{n} q^{(0)}(t)$$

第四步：求残差 $q^{(0)}(t)$ 的方差 s_2^2 为

$$s_2^2 = \frac{1}{n}\sum_{t=1}^{n}[q^{(0)}(t) - \bar{q}]^2$$

那么，后验差比值 C 为

$$C = S_2/S_1$$

小误差频率 P 为

$$P = \{|\bar{q}^{(0)}(t) - \bar{q}| \leq 0.674 S_1\} \quad\quad (2-12)$$

估计 P 和 C 的大小，预测精度可以分为四个等级。当 $P > 0.95$，$C < 0.35$ 时，预测精度较高，效果比较好；当 $P > 0.80$，$C < 0.45$ 时，预测合格；当 $P > 0.70$，$C < 0.50$ 时，预测勉强通过；当 $P \leq 0.70$，$C \geq 0.65$ 时，预测不合格，未通过检验，则可建立残差 GM（1,1）模型进行修正。

GM（1,1）模型作为一个连续的时间序列，可以从初始值一直扩展到未来的任何时刻，可以进行长期预测，但是随着时间向前推移，预测值的灰区间逐渐增大，对于时序较长的 GM（1,1）模型，必须缩小灰平面，充分利用已知信息，同时不断补充新信息。因此，对于长期预测，可以通过已知数列建立 GM（1,1）模型，当预测每得到一个灰数值时，将其补充到数列，同时将数列最老的数据去掉，这样再建立一个新的 GM（1,1）模型，重新开始预测。这样通过数次预测，就可以完成预测目标，这是一个新陈代谢的过程，因此这种对于 GM（1,1）模型进行改进得到的模型叫作等维新陈代谢 GM（1,1）模型，这种预测方法也被称为等维灰数替补动态预测。

三 线性函数预测方法

（一）线性回归模型

回归分析主要研究客观事物之间的关系，通过对客观事物进行大量实验，寻找那些表面看上去不确定现象中的统计规律。若随机变量 y 与变量 x_1，x_2，$\cdots$，x_p 存在相关关系，则可以建立模型：

$$y = f(x_1, x_2, \cdots, x_p) + \varepsilon$$

上式中，y 是因变量，也被称为被解释变量；x_1，x_2，$\cdots$，x_p 是自变量，也被称为解释变量；$f(x_1, x_2, \cdots, x_p)$ 是回归函数；ε 是随机误差，表示随机因素的影响。因变量 y 由自变量和随机误差一起决定，因变量 y 与自变量之间存在联系，同时也存在不确定性。根据模型中自变量的个数，可以将回归模型分为一元回归和多元回归。经典线性回归模型有三个基本假设：首先，自变量是确定性变量且彼此不相关，即 $\text{cov}(x_i, x_j) = 0$（$i \neq j$）；其次，随机误差项服从相互独立、期望为零、标准差为 σ 的正态分布，即 $\varepsilon_i \sim N(0, \sigma^2)$；最后，样本容量个数多于参数个数。

线性回归模型的一般形式为：

$$y = \beta_0 + \beta_1 x_1 + \beta_2 x_2 + \cdots + \beta_p x_p + \varepsilon \tag{2-13}$$

其矩阵形式为：

$$y = X\beta + \varepsilon \tag{2-14}$$

其中

$$y = \begin{bmatrix} y_1 \\ y_2 \\ \vdots \\ y_n \end{bmatrix}, \quad X = \begin{bmatrix} 1 & x_{11} & x_{12} & \cdots & x_{1p} \\ 1 & x_{21} & x_{22} & \cdots & x_{2p} \\ \vdots & \vdots & \vdots & & \vdots \\ 1 & x_{n1} & x_{n2} & \cdots & x_{np} \end{bmatrix}, \quad \beta = \begin{bmatrix} \beta_0 \\ \beta_1 \\ \vdots \\ \beta_p \end{bmatrix}, \quad \varepsilon = \begin{bmatrix} \varepsilon_1 \\ \varepsilon_2 \\ \vdots \\ \varepsilon_n \end{bmatrix}$$

这里 n 为样本量，p 为自变量个数，y 是因变量观测值向量，X 为由 X 的实际观测值构成的矩阵，β 为由待估计的参数构成的参数向量，ε 为随机误差向量。

线性回归方程的估计一般采用普通最小二乘法（LS），参数估计值 $\hat{\beta}$ 为：

$$\hat{\beta} = (X'X)^{-1}X'y \qquad (2-15)$$

模型检验主要包括 F 检验（方程的显著性检验）和 t 检验（回归系数的显著性检验）。F 检验可以检验模型拟合样本的整体效果，也就是自变量对因变量的解释力度；t 检验反映的是每一自变量的合理性。D.W. 检验用于检验残差序列的自相关性，不过其只对一阶自相关的检验有效，不能检验残差序列的高阶自相关。R^2 介于 0 和 1 之间，R^2 越接近 1 则说明回归拟合效果越好。一般情况下，如果 R^2 的取值超过 0.8，则认为模型的拟合优度较高，但由于随着自变量个数的增加，R^2 逐渐加大，这就可能让使用者错误地认为拟合效果越来越好，为排除 R^2 受自变量个数的影响，引入调整的决定系数 $\bar{R}^2$，也称其为修正的 R^2。

$$\bar{R}^2 = 1 - \frac{n-1}{n-p-1}(1-R^2) \qquad (2-16)$$

其中，n 为样本个数，p 为自变量个数。由于 $\bar{R}^2$ 不会随着自变量个数的增加而增大，因此用其判断拟合优度比 R^2 更有效。

（二）对数线性函数模型

需求函数描述了商品的需求量和影响因素之间的关系，线性函数或者可线性化的函数形式可以较方便地利用计量经济学知识对参数进行估计。因此，需求函数模型常采用线性函数模型和对数线性函数模型。由于对数线性函数模型具有较合理的经济解释，参数也具有明显的经济意义，而线性函数模型并不具备这两个优点，所以常常选取对数线性需求函数模型对商品的需求量及其影响因素进行拟合。对数线性模型有如下形式：

$$\ln y = b_0 + b_1 \ln x_1 + b_2 \ln x_2 + \cdots + b_p \ln x_p + u \qquad (2-17)$$

在上式中，$\ln y$ 对于参数 $b_0 \sim b_p$ 是线性的，而且自变量的对数形式也是线性的。因此，称上述模型为双对数（double-log）模型或对对数模型。

如果我们令 $y^* = \ln y$，$x_i^* = \ln x_i$，那么对数线性模型就转化为了线性回归模型：

$$y^* = b_0 + b_1 x_1^* + b_2 x_2^* + \cdots + b_p x_p^* + u \tag{2-18}$$

其参数的求解和拟合度的检验等问题均可以按线性回归模型的方法来解决。对于对数线性模型，有

$$b_i = \frac{d(\ln y_i)}{d(\ln x_i)} = \frac{dy_i/y_i}{dx_i/x_i}, i = 1, 2, \cdots, p \tag{2-19}$$

其中，斜率 b_i 度量了 y 关于 x_i 的弹性，它表示 x_i 变动 1% 时，y 变动了 $b_i\%$。

第四节　本章小结

本章对研究中用到的基本概念和基本理论进行了总结。区别于一些国外学者和机构定义的粮食概念，考虑到研究数据和资料的可获得性和研究结论被相关部门借鉴、采纳的便利性，本研究中的粮食概念依然以中国官方的统计口径为准，在研究中不仅考虑到粮食消费的总量情况，而且对中国稻谷、小麦、玉米和大豆等主要粮食品种消费的中长期趋势也进行了深入研究。

凯恩斯提出的绝对收入假说、杜森贝里提出的相对收入假说、弗里德曼提出的持久收入假说、莫迪利安尼提出的生命周期假说对于收入的深刻理解和提出的各种假设，使得可支配收入决定消费支出的理论得到了丰富和发展。对于粮食消费问题，收入同样是影响粮食消费需求的重要因素，我们将消费作为收入的函数，将可支配收入作为一个重要的自变量建立消费函数，进而研究消费随着可支配收入变化而变化的情况及其数量关系。

需求价格弹性、需求的交叉弹性和需求收入弹性用来描述粮食品种

消费量相对变化对于价格和收入的反应程度，是研究粮食消费问题的重要工具。中国粮食由众多品种构成，每一品种的消费都有独特之处，因此粮食消费总量受到众多复杂因素的影响，这些因素属于灰色信息，我们将采用灰色预测模型 GM（1，1）对粮食消费总量的中长期趋势进行研究；而对于稻谷、小麦、玉米和大豆四大品种，我们将对它们的消费特点进行深入研究，有针对性地剖析影响消费需求的具体因素，利用对数线性需求函数建立结构化模型进行分析。

第三章 国外粮食消费的特点与趋势

到 2050 年世界人口预计将新增 23 亿人，达到 91 亿人，世界人口特别是发展中国家人口的快速增长带来口粮消费刚性增长，工业用粮迅速增加、畜牧业快速发展以及一些发达国家粮食型生物能源的开发与人争粮，都会带来世界粮食消费需求的快速增加。2050 年之前，世界谷物和肉类生产的增长量必须达到 10 亿吨和 2 亿吨的水平才能满足人类的需求（FAO，2010），然而，世界粮食生产趋势堪忧，主要谷物的产量增长速度一直稳步下滑，从 2000 年到 2009 年世界粮食产量仅仅增加了 4.83 亿吨（FAO，2010），增长极为缓慢，2009 年甚至出现了负增长。世界粮食生产增长趋缓，产量波动频繁，结构性矛盾凸显；同时耕地、淡水资源、气候变化以及其他许多不确定因素对粮食生产的制约日益严重，在生产和获得粮食方面存在重大挑战。

由于经济发展水平、食物消费习惯等方面的差异，世界各国食品消费模式有较大差异。中国属于发展中国家，随着数年来经济的高速增长，目前与世界发达国家食物消费水平的差距正在缩小。国际经验表明，经济发展和居民收入增长会伴随着食物消费水平的升级，分析世界发达国家食物消费变动的历史与现状，探究食物消费模式的基本规律，对于判断中国粮食消费趋势有着极其重要的借鉴意义。

第一节　国外粮食消费的特点与启示

一　欧美国家粮食消费特征分析

美国是世界上工业最发达的国家之一，同时也拥有高度发达的农业。美国拥有适宜的气候和丰富的农业资源，农业实现了高度的机械化、集约化、商品化和高度专业化。美国的粮食种植面积为6195.37万公顷（中国粮食研究培训中心，2009），位居世界第三，而2009年美国的城市化率高达82%（UN，2010），务农人口不到200万人，粮食生产规模化程度很高。美国是粮食年产量超过1万亿吨的三个国家之一，是世界上第一大玉米和大豆生产国、第二大小麦生产国。2009年美国玉米产量达到35028.58万吨（OECD，2011），占世界玉米产量的40%，大豆产量达到9130万吨（USDA，2010），小麦产量达到6031.66万吨（OECD，2011）。高度发达的经济以及充足的粮食供给，使得美国的人均粮食消费量一直保持在一个较高的水平，美国农业部发布的数据显示，2009年美国人均粮食消费量大约是印度人均的6倍，中国人均的3倍，欧盟人均的2倍。图3-1显示的是从20世纪80年代初开始，美国主要食品的人均消费量变化情况（以1984年为基期）。

图3-1和附表2显示，从1984年开始，美国人均谷物消费量缓慢上升，2000年到达最高点122.58千克，而后开始缓慢下降，近年来基本保持在113千克左右，其中小麦是美国人均食用消费量最大的谷物品种；美国的历史人均肉类也经历了一个缓慢波动上升，然后缓慢下降的过程，人均肉类消费量最高达到近100千克（2004年），肉类消费中牛肉消费和禽肉消费所占的比例基本保持在80%左右；在这一阶段，人均奶制品消费量则呈现了波动上升的趋势，从最初的13.59千克上升到2009年的19.87千克；人均植物油消费量在经历了一个时期的上升之

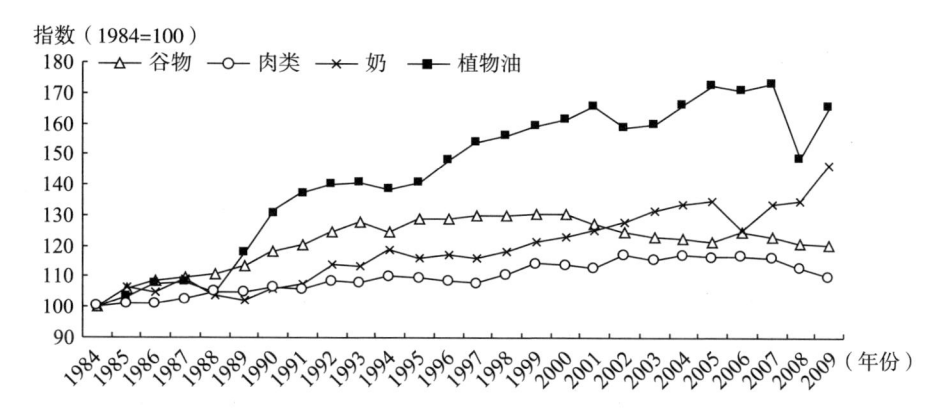

图 3-1　美国主要食品的人均消费量变迁（1984~2009）

说明：人均谷物消费数据为人均小麦消费量、人均玉米消费量和人均水稻消费量三者之和；人均肉类消费数据为人均牛肉消费量、人均猪肉消费量、人均禽肉消费量以及人均羊肉消费量四者之和；人均奶类消费量为各种奶产品人均消费量之和。

资料来源：http://stats.oecd.org/Index.aspx? DataSetCode = HIGH_AGLINK_ 2010。

后，近年来在 35 千克上下波动。总体来看，美国的人均食品消费经过了 20 世纪 80 年代初期的缓慢上升之后，近十年来趋于稳定。与中国人均食物水平相比，美国人均谷物消费水平略低，而人均肉类消费，尤其是牛肉消费水平远远高于中国，美国的人均奶类以及植物油消费水平也明显高于中国人均水平。

欧盟由欧洲共同体发展而来，是具有重要影响的政治和经济区域一体化组织，现有 27 个成员国。欧盟农业资源丰富，农业生产专业化程度高，拥有现代化的经营管理方式和手段，是世界上农业商品率和市场化程度最高的地区之一。农业结构方面，粮食在种植业中占重要地位，始终居于欧盟农产品市场的中心。由于欧盟对粮食等农产品的大量补贴，致使粮食产量过剩。充足的粮食供给，为畜牧业提供了饲料来源，欧盟畜牧业高度发达。图 3-2 和附表 3 反映了近十年来欧盟主要食品人均消费量的变化趋势。

近十年来，欧盟人均谷物食用消费量趋于稳定，除 2004 年人均谷物食用消费量达到最高的 143.01 千克外，其他年份人均谷物食用消费量相差不到 3 千克，小麦食用消费量是谷物食用消费量的主要组成部

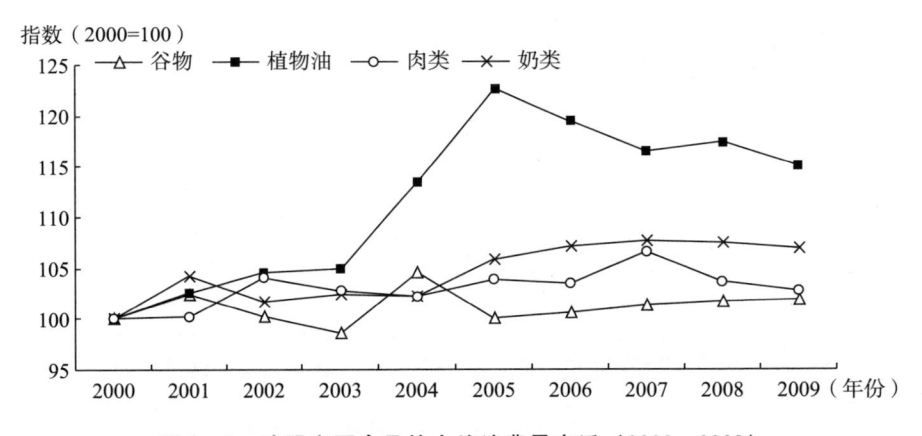

图 3-2 欧盟主要食品的人均消费量变迁（2000~2009）

说明：人均谷物消费数据为人均小麦消费量、人均玉米消费量和人均水稻消费量三者之和；人均肉类消费数据为人均牛肉消费量、人均猪肉消费量、人均禽肉消费量以及人均羊肉消费量四者之和；人均奶类消费量为各种奶产品人均消费量之和。

资料来源：http://stats.oecd.org/Index.aspx? DataSetCode = HIGH_AGLINK_2010。

分，占到了总量的80%以上；欧盟的人均肉类消费量波动不大，最低值为2000年的64.98千克，最高值为2007年的69.26千克，其他年份人均肉类消费量与2000年相比均不超过2千克，猪肉消费量占肉类消费量的50%左右；这一阶段，欧盟人均奶产品的消费量基本在22千克上下波动，人均植物油消费量从2000年的22.19千克经过缓慢的增长达到2005年的27.23千克后趋于稳定。总体来看，欧盟各类食品人均消费量趋于稳定。

图3-3显示的是2009年美国与欧盟主要食品的人均消费量对比情况，在四类主要食品中，欧盟的人均谷物消费量、人均奶制品消费量均高于美国，欧盟人均谷物消费量高于美国26.12千克，谷物中的人均小麦消费量，欧盟高于美国30.76千克，肉类中的人均猪肉消费量，欧盟高于美国10.23千克；而美国的人均肉类消费量、人均植物油消费量均高于欧盟，人均肉类消费量高于欧盟26.02千克，其中人均牛肉消费量，美国高于欧盟15.69千克，人均植物油消费量高于欧盟9.45千克。虽然美国和欧盟具体的食品消费结构呈现一定的差异，但有两个共同点：首先，近十年来，美国与欧盟各主要食品的人均消费量波动幅度较

小，食品消费结构日趋稳定；其次，欧美国家的消费结构具有高能量、高脂肪、高蛋白等特征，在食品消费结构中，对肉、奶和植物油的消费比重较高，对谷物等的消费比重较低。

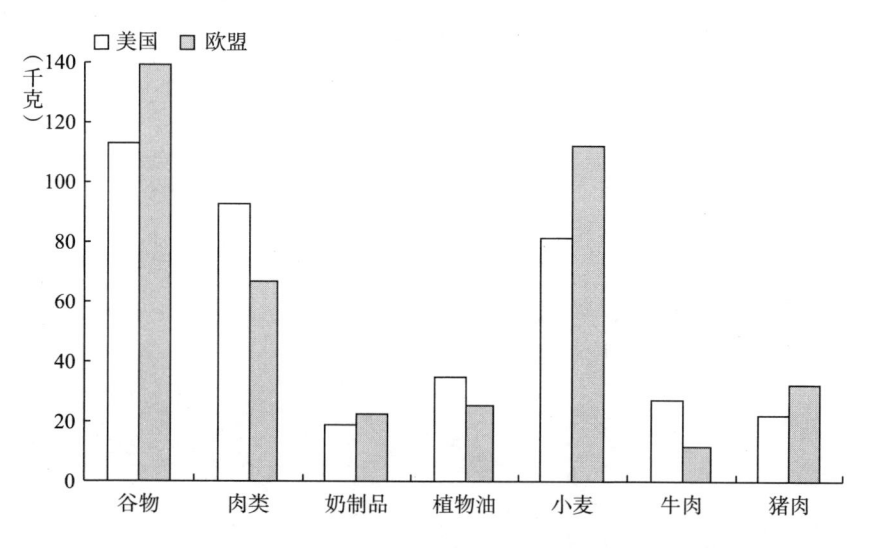

图 3-3 美国与欧盟主要食品的人均消费量对比（2009）

资料来源：http://stats.oecd.org/Index.aspx? DataSetCode = HIGH_AGLINK_2010。

二 韩国、日本粮食消费特征分析

东亚的韩国和日本人口密度很高，人均占有耕地很少，资源禀赋与中国具有很大的相似性，但这些国家和地区经济发展水平高于中国，2009 年韩国人均 GDP 为 17078 美元，日本人均 GDP 为 39738 美元，而 2009 年中国人均 GDP 仅为 3744 美元（WB, 2011）。由于东亚国家有着相近的食品消费习惯与心理，并且食品类型也比较相似，因此深入研究韩国和日本两国的食品消费变化规律，对于科学判断中国居民食品消费结构变化趋势，具有重要的参考和借鉴意义。

韩国国土很大部分是山地和丘陵，可供用于耕种粮食作物的土地面积很小，由于城市化的发展、耕地的减少，韩国的食品消费需求已越来越依赖于进口（Melissa Alexander, 2005；顾尧臣, 2007）。随着经济增长和人民生活水平的提高,韩国人民的食品消费结构发生了一些变化。图 3-4 和附表 4 显示的是 1984 年以来韩国居民主要食品人均消费量的变化趋势和数量。从 1984 年开始,韩国人均谷物消费量呈现下降趋势,谷物中的大米、小麦和玉米三个品种消费量均逐步下降,近几年人均谷物总量基本稳定在 130 千克左右,大米是韩国居民的主要口粮品种,在谷物消费量中占有大约 60% 的比例,下降趋势尤为明显,人均肉类消费量、人均植物油消费量、人均奶制品消费量均持续增长,2009 年分别达到最高的 41.59 千克、18.17 千克、2.37 千克。

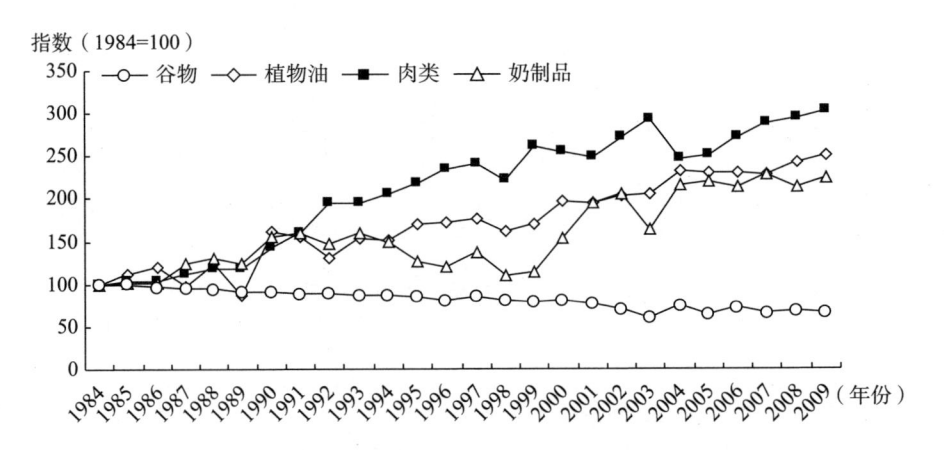

图 3-4 韩国主要食品的人均消费量变迁(1984~2009)

说明:人均谷物消费数据为人均小麦消费量、人均玉米消费量和人均水稻消费量三者之和;人均肉类消费数据为人均牛肉消费量、人均猪肉消费量、人均禽肉消费量以及人均羊肉消费量四者之和;人均奶类消费量为各种奶产品人均消费量之和。

资料来源:http://stats.oecd.org/Index.aspx? DataSetCode = HIGH_AGLINK_2010。

日本是一个人口不到 1.3 亿、面积为 37.8 万平方公里、位于亚洲大陆东岸外的太平洋岛国。日本的资源比较贫乏,山地和丘陵约占总面积 80%,土壤贫瘠,是典型的人多地少国家,粮食自给率不到 30%,但高度发达的经济促使日本居民食品消费结构不断调整和完善。图 3-5 和附表 5 显示的是 1984 年以来日本居民主要食品人均消费量的变化趋势和数量。从 1984 年到 2009 年,日本的谷物消费量持续缓慢减少,25 年间人均谷物消费量只减少了 20 千克左右,其中人均小麦和人均玉米消费量基本保持稳定，大米消费量逐年减少；20世纪90年代以前，日本的人均肉类消费量缓慢上升，从20世纪90年代初期开始基本保持稳定；日本的植物油消费也是如此，短暂上升之后，人均食用消费量在15千克左右小幅波动；而人均奶制品消费则一直稳定在4千克左右。同欧美等国相似，近二十年来，尤其是近十年来，日本的主要食品人均消费量稳定性增强，但不同的是日本居民的食品消费结构以植物性食物为主、动物性食物为辅，且动物性食物人均消费量远低于欧美国家。

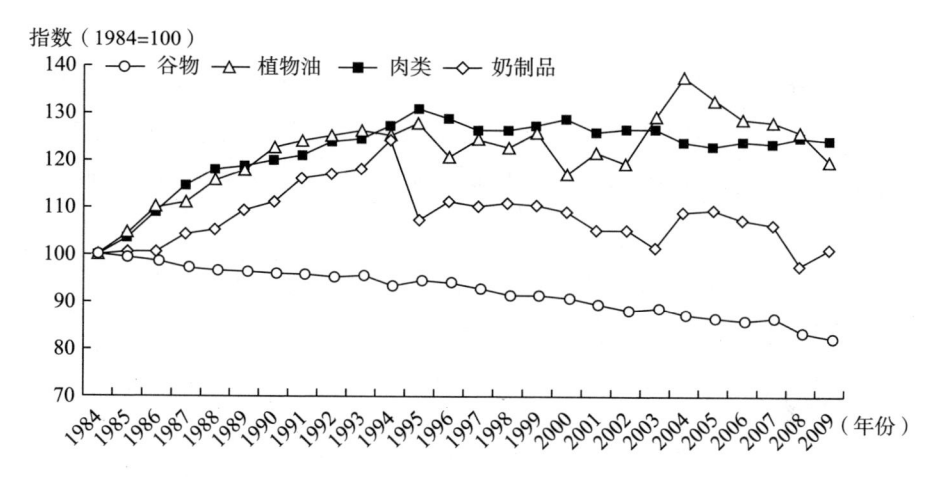

图 3-5　日本主要食品的人均消费量变迁（1984～2009）

说明：人均谷物消费数据为人均小麦消费量、人均玉米消费量和人均水稻消费量三者之和；人均肉类消费数据为人均牛肉消费量、人均猪肉消费量、人均禽肉消费量以及人均羊肉消费量四者之和；人均奶类消费量为各种奶产品人均消费量之和。

资料来源：http://stats.oecd.org/Index.aspx?DataSetCode=HIGH_AGLINK_2010。

三　国外粮食消费特征对中国的启示

1984年以来，随着城乡居民温饱问题基本解决，人们的食品消费结构发生了较大改变，图3-6和附表6显示的是这一阶段中国主要食品的人均消费量变化情况。1984年，中国人均奶制品消费量只有0.16千克，2008年人均奶制品消费量达到最高的1.40千克，不到同期美国和欧盟人均奶制品消费量的10%，与东亚的韩国和日本相比也有较大差距。虽然人均奶制品消费绝对增加量只有 1.24 千克，绝对数量增加不大，但是由于基期消费很低，人均奶制品消费量增加了近 8 倍。中国人均植物油消费量也持续较快增长，从最初的 3.18 千克增加到 2009 年的 19.30 千克，略高于同期的日本和韩国，但仅为美国人均植物油消费量的 1/2，欧盟人均植物油消费量的 2/3。由于 1997 年以前人均禽肉消费数据的缺失，在人均肉类消费指数的计算中我们以人均牛肉消费量、人均猪肉消费量和人均羊肉消费量三者之和代替人均肉类消费量，这一阶段，中国人均肉类消费量增长了近两倍，2009 年肉类消费总量达到 43.48 千克，这一数据高于日本的 33.1 千克，略高于韩国的 41.59 千克，距欧美肉类消费还有较大差距。就谷物消费而言，中国人均谷物消费总量、人均大米消费量、人均小麦消费量以及人均玉米消费量均呈下降趋势，2009 年人均谷物消费总量达 154.65 千克，高于韩国的 129.2 千克，日本的 102.5 千克，欧盟的 101.81 千克，美国的 120.42 千克，图 3-7 显示的是 2009 年中国和美国、欧盟、韩国和日本人均主要食品消费情况。

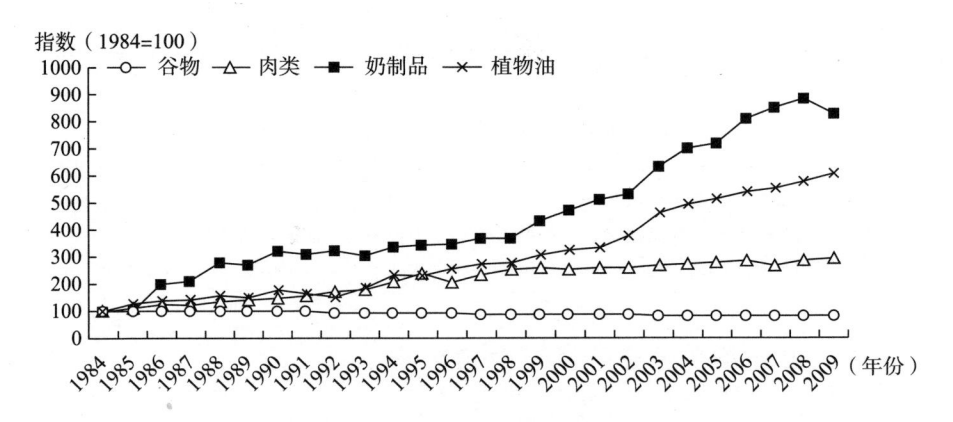

图 3-6 中国主要食品的人均消费量变迁（1984~2009）

说明：人均谷物消费数据为人均小麦消费量、人均玉米消费量和人均水稻消费量三者之和；人均肉类消费数据以人均牛肉消费量、人均猪肉消费量及人均羊肉消费量三者之和代替；人均奶类消费量为各种奶产品人均消费量之和。

资料来源：http://stats.oecd.org/Index.aspx?DataSetCode=HIGH_AGLINK_2010。

通过本节对欧盟和美国的食品消费结构的分析可以发现，欧美国家

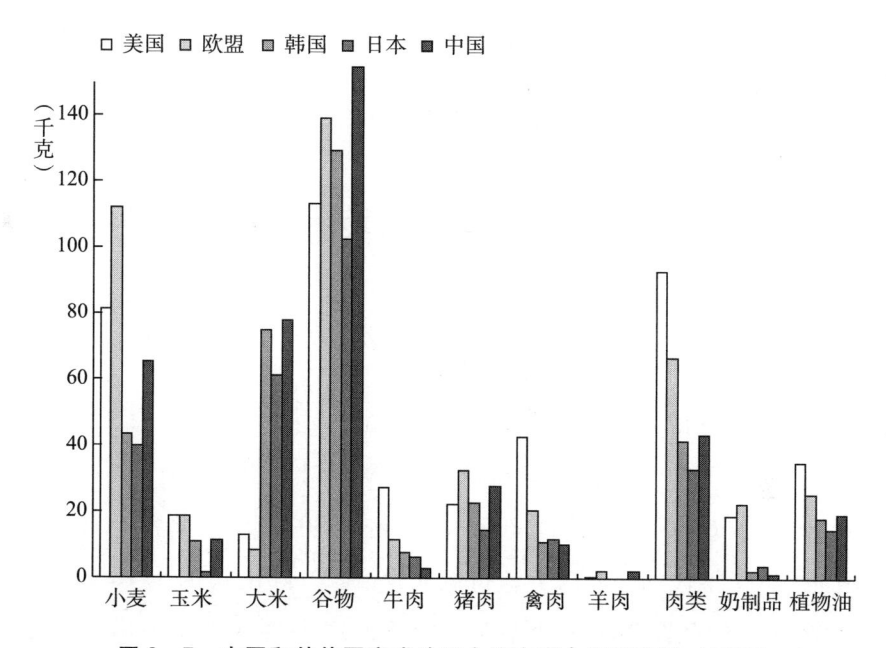

图 3-7 中国和其他国家或地区人均主要食品消费量（2009）

资料来源：http://stats.oecd.org/Index.aspx? DataSetCode = HIGH_AGLINK_2010。

的食品消费结构具有高能量、高蛋白、高脂肪等特征，在食品消费结构中，对肉、奶和植物油的消费比例比较高，并且这些国家居民的食品消费结构日趋稳定；相对来说，以韩国和日本为代表的亚洲国家，食品消费结构中谷物的比重比较高，对肉类、奶产品以及植物油消费的比重较低，即使在经济高度发达的日本也是如此。这种现象的出现，在很大程度上是由于欧美国家和亚洲国家食品消费模式的不同，当然也可能是由于经济发展水平的滞后对消费水平的约束而造成的。中国目前的食品消费结构，热量、脂肪和蛋白质的人均摄入量，已经非常接近发达国家和地区的水平，但在牛肉和奶产品等消费方面，与美国、欧盟等还有很大差距。从中国的国内趋势来看，在今后很长一段时间内，随着中国居民收入水平和消费水平的提高，城乡居民的食品消费结构中谷物消费的比重会呈现下降趋势，而肉类、奶产品和植物油的消费比重依然会逐步上升。当中国居民经济发展和居民收入水平达到一定程度时，食品消费结构也将趋于稳定,但是食品消费结构中对动物性食物的需求量与欧美消费模式的差距仍将存在。

第二节 世界粮食消费趋势分析

一 人口增长带来粮食消费刚性增长

粮食最基本的功能是满足人类的食物需求。世界人口1995年为56.54亿人,2009年联合国发布的《世界人口状况报告》显示,世界人口已经突破66亿人,预计2050年将超过90亿人。世界人口增长率由20世纪60年代的2%以上,持续下降到21世纪初的1.18%(尹成杰,2009),在中长期内,世界人口增长速度仍将减缓,但由于人口基数巨大,世界人口绝对数量必然还会有较大的增长,并且未来世界人口增长大都会发生在发展中国家。据美国农业部统计,粮食消费量快速增加的国家包括尼日利亚、菲律宾、孟加拉国等人口快速增长的国家。随着人口的快速增长,世界粮食消费量不断增长,从1995年度的17.09亿吨,增加到2007年的21.21亿吨,增长了4.12亿吨(增幅24.10%),年均增长2.01%,粮食消费量的增长要高于产量的增长速度(刘日红、宋英杰,2009)。为满足世界人口增长带来的粮食需求增长,世界粮食增产的任务相当艰巨。

二 食品消费结构升级拉动粮食消费增长

历史上粮食主要用于直接食用消费,只有少量用于动物的饲料,消费结构比较简单,但是随着经济增长、发展中国家和新兴国家收入增加以及世界各国城市化进程的加快,人们的食品消费结构逐渐改变,粮食的消费结构也在发生改变。许多国家和地区淀粉类等初级食品需求下降,而肉蛋奶鱼等动物性食品消费量快速上涨,同时世界各国对植物油的需求也在不断增加。这就促进了畜牧业发展以及饲料需求量的增加，粮食生产与食品市场的关联度不断增强。Delgado等（1999）创造了"畜牧革命"一词来描述农业部门的变革进程："全球农业正经历着一场革命，这给人类健康、生活和环境带来了深刻影响。发展中国家人口增长、城市化和收入提高推动着人们对动物性食品的需求强劲增长。"

从20世纪80年代以来，发展中国家畜产品和植物油消费迅速增长。畜产品和植物油人均消费增长明显超过其他主要食品类别的消费（见图3-8、附表7）。自80年代初以来，发展中国家人均奶消费量几乎翻番，人均肉类消费量增长了近一倍，人均植物油消费量增长了一倍多，而人均谷物消费量基本保持稳定，并呈现下降趋势（OECD，2011）。世界人口的快速增长，人均动物性食品消费量的飞速增加，全球动物性食品消费总量的增长不可避免，将拉动越来越多的农业资源投入到畜牧业生产领域，饲料粮的需求将快速增加。根据有关部门的统计，生产1千克牛肉要消耗8千克饲料粮，1千克鸡肉大概要消耗1.6千克饲料粮，为满足人们的动物性食品消费需求，将会有相当数量的粮食用作饲料粮。人们的食品消费结构已经从粮食、豆类等主食，逐步转向肉蛋奶、植物油、蔬菜和水果等多元结构。世界食品消费结构的优化以及消费水平的提高，推动了世界农业生产的变化，使世界农业生产结

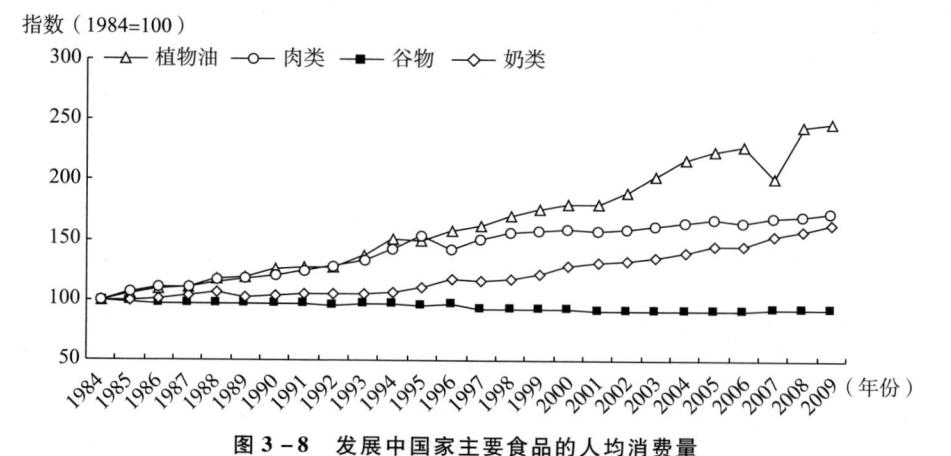

图3-8 发展中国家主要食品的人均消费量

资料来源：http://stats.oecd.org/Index.aspx?DataSetCode=HIGH_AGLINK_2010。

构发生了明显的改变。相对于粮食生产,动物性食品、水果、蔬菜生产会占用较多的耕地,将给粮食生产带来较大压力。

三 解决贫困人口营养不良问题任重道远

在1996年罗马召开的世界粮食首脑会议上,世界各国领导人做出承诺,将通过不懈努力消除所有国家的饥饿,2000年联合国在《千年宣言》中将"消除极端贫穷和饥饿"列于联合国千年发展目标的首位[1],然而时至今日世界食物不足人口依然保持在高位,根据国际粮农组织(2010)的估计,2010年仍有9.25亿人食物不足,几乎占发展中国家人口的16%。全球食物不足人口数量随着2008年爆发的全球粮食危机急剧增长,2009年达到10.23亿人,2010年,随着危机的缓和回落到9.25亿人,但食物不足人口的绝对数量依然过高,甚至高于世界粮食会议时的水平;不过值得欣慰的是,从20世纪70年代开始,世界食物不足人口在总人口中的比重基本呈现持续下降趋势。

世界上大部分食物不足人口主要来自发展中国家(见图3－9),其中孟加拉国、中国、刚果民主共和国、埃塞俄比亚、印度、印度尼西亚和巴基斯坦七个国家食物不足人口数达到了世界食物不足人口总数的2/3,中国和印度这两个人口大国所包含的食物不足人口数超过了世界食物不足人口总数的40%,2008年以来,尽管亚太地区食物不足人口数下降了12%,是全球取得最大进展的区域,但亚太地区依然是食物不足人数最多的区域。撒哈拉以南的非洲地区仍是世界食物不足人口比例最高的区域,2010年这一比例依然达到30%。目前世界上还有相当数量的人口由于饥饿正面临着生存危机,这些人口迫切需要增加粮食消费,解决当前世界范围内存在的贫穷饥饿问题依然是世界各国应该共同追求的政策目标。

---

[1]《千年宣言》中的目标为:在2015年将世界上的贫困和饥饿程度减轻一半,比1996年世界粮食首脑会议确立的目标有所降低,即从强调营养不足人口绝对数量的减少转为强调百分比的减少。

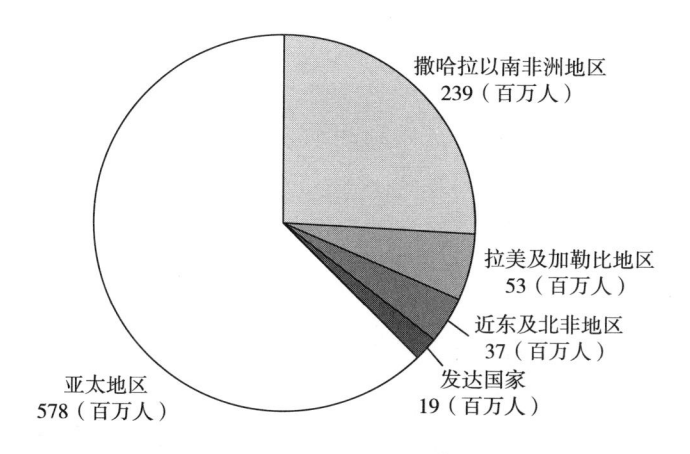

图 3-9 世界食物不足人口状况（2010）
资料来源：http://stats.oecd.org/Index.aspx? DataSetCode = HIGH_AGLINK_2010。

由于贫困，人们无力购买生活必需的粮食，由此造成的营养不良则会使人们深陷贫困的泥潭，营养不足往往是人们脱贫的障碍，彻底消除营养不良是彻底消灭贫困的前提。根据联合国的标准，普通人维持身体健康每天需要 2100 卡路里的能量，而 2100 卡路里的能量大约相当于 0.5 千克口粮所能释放出的能量，那么一个健康人一年的口粮消耗约为 180 千克。据尹成杰（2009）的推算，如果要实现联合国千年发展目标，需要约 6000 万吨粮食；如要实现世界粮食首脑会议目标，即将营养不足人口减少到 4.12 亿人，需要约 9200 万吨粮食；而要彻底消除营养不足现象，则需要约 16600 万吨粮食。消除营养不足之路漫长而又艰难，未来世界粮食供给必须面对由此带来的巨大需求与压力。

四 生物质能源开发与人争粮愈演愈烈

生物能源是利用生物质可再生原料生产的乙醇、丁醇、生物柴油、沼气、电力、成型燃料等"环境友好型"的清洁能源（丁声俊，2010）。现在世界石油、煤炭等不可再生能源被大量消耗，在日益趋向枯竭的同时，环境污染和气候恶化不断加剧。随着世界经济走出低谷，能源价格仍会持续上涨，根据国外的相关研究，当石油价格达到 60 美元~70 美元时，生物能源的生产就有利可图，大规模生产生物质能源不失为一种保障能源安全、发展农业经济以及减缓环境污染的有效途径，一些国家和地区早已经将生物质能源开发利用纳入能源发展战略，燃料乙醇和生物柴油的生产在世界范围内迅速崛起，给世界粮食供给与消费带来极其深远的影响。

美国、巴西是目前进行乙醇燃料生产的主要国家，巴西生产乙醇的主要燃料是甘蔗，而美国则主要是利用玉米进行乙醇生产。美国利用积极的生物质能源政策和各项支持措施推动了乙醇燃料产业快速发展，刺激了美国农民生产玉米的积极性，但增产的玉米主要被用于生物质能源开发。联合国粮农组织的统计数据显示，进入21世纪以来，世界玉米产量增加较快，但一些国家生物质能源开发和利用对玉米的大量消耗，使得玉米消费需求大幅增长，玉米供给状况并未好转，供给缺口反而扩大，玉米价格大幅上涨。美国农业部的资料显示，早在2006年美国用来生产乙醇燃料的玉米就达3700万吨，根据人均每年粮食食用量180千克计算，这些玉米可供2.1亿人食用一年，按照美国《2005年能源政策法案》，到2012年美国用于生产燃料乙醇的玉米将达到6300万吨，约为3.5亿人一年的口粮，美国能源部2008年发布的《2008年度能源展望》中提出，到2030年美国将利用玉米为原料生产150亿加仑乙醇燃料，这就意味着，届时将有12701万吨玉米被用于生产乙醇燃料，接近2009年总产量的一半。作为世界上最大的玉米出口国，燃料乙醇开发步伐的加快势必会加剧世界玉米市场供求的紧张格局。

欧盟是世界上生产和应用生物柴油的主要地区，与石化柴油相比，生物柴油具有污染小、可再生、易于生物降解等特点。欧盟将生物质燃料作为主要替代能源，而其中最主要的则是利用油菜籽生产生物柴油，目前，欧盟国家有65%的油菜籽用于生产生物柴油。根据有关部门的估计，2010年生物质柴油的产能达到1350万吨。根据《欧盟生物燃料战略》，欧盟生物燃料在全部燃料中的比重，2020年将达到10%，2030年将达到25%。这就意味着，欧盟国家必须拿出更多的土地来种植油菜，以为生物柴油的生产提供原材料。

粮食、油料等农产品被用来大规模地生产生物质燃料，必然与人类的食用需求产生矛盾，同时对畜牧业等相关行业造成不利影响。美国发展生物质能源导致玉米出口下降，使得国际市场玉米供给减少，引起国际市场玉米价格上升，将带动全球进入高粮价时代，进而引起畜牧业产品生产成本提高以及价格上涨（周曙东，2009）；而欧盟生物柴油的生产，也会对油菜籽产生强劲需求，不同作物将围绕有限的土地展开争夺，农民的选择往往是建立在作物种植收益对比之上，这对于收益相对较差的粮食作物非常不利。总之，过量地将玉米、油菜籽等农产品转化为生物质燃料实际上就是"与人争粮、与粮争地"，对于世界数亿营养不足的贫困人口来说，绝对是一场灾难。

第三节　本章小结

由于世界人口的持续增长、食物消费结构的不断升级、数以亿计人口摆脱饥饿威胁的现实需要以及一些国家生物质能源产量的飞速增加，世界粮食消费需求将会刚性增长。由于种种原因，世界粮食产量增长的潜力有限，世界中长期粮食供需形势不容乐观。根据对欧美国家和亚洲国家粮食消费特征，尤其是对和中国居民饮食习惯和文化比较接近的亚洲国家粮食消费特征的分析，我们可以得出如下结论：随着经济发展和居民收入水平的提高，中国居民的食品消费结构也会发生相应变化，肉蛋奶等动物性食品在食品消费中的比重将会持续增加，口粮消费在食品消费中的比重将持续下降，而肉蛋奶的生产需要更多的粮食转化，也就是说，在很长一段时间内，中国粮食的直接消费量在减少，而间接消费量在增加，但间接消费增加的数量相对较大，总的来说人均粮食消费量是增加的，在相当长的时间内，中国的人口数量将持续增长，粮食消费总量也会不断增加。

第四章 粮食需求影响因素及其变化趋势

粮食消费需求的影响因素比较复杂，受到多种因素及外部环境的影响和制约。一般认为，影响粮食消费需求量的宏观因素主要包括人口数量、城市化进程、国民经济发展等，微观因素主要包括粮食价格、替代品价格、收入、饮食习惯等。2009年中国人均GDP达到3677.86美元[①]，城镇化水平达到46.6%，已进入工业化中期的后半阶段（中国社会科学院经济学部课题组，2008），工业化、城镇化进程步入了加速发展阶段。在这一阶段，城乡居民经济收入将明显提高，食品消费结构升级加快，粮食消费需求将出现较大的结构性变化，同时影响城乡粮食需求的新因素和新趋势不断涌现，如果忽视这些问题，就难以科学地把握中长期中国粮食消费需求的变化趋势。对中长期内粮食需求影响因素及其变化趋势的客观评价对于科学认识中国粮食需求问题是十分重要的。

第一节 宏观影响因素

一 人口

人口是社会经济系统中最基本的要素，也是粮食消费的基本单元，对未来中国人口总量与结构的判断直接影响着对中国未来粮食消费的预

---

① 数据来源：http://www.imf.org/external/pubs/ft/weo/2010/01/weodata/download.aspx。

测（国家发改委产业经济课题组，2006）。早在 2000 年，中国发布的《中国二十一世纪人口与发展》就指出，到 21 世纪中叶，中国人口与发展的目标是人口总量在达到峰值（接近 16 亿人）后缓慢下降（国务院新闻办公室，2000），此后，2050 年中国人口总量达到峰值 16 亿人一度被许多学者和机构所接受。由于中国执行了严格的计划生育制度，人口增长率由最高时的 33.33‰ 持续下降到 2009 年的 5.05‰（国家统计局，2010），研究者对中国人口达到峰值的时间和数量又有了新的认识，目前比较一致的看法是中国人口峰值不会突破 15 亿人，并且人口峰值会在 21 世纪中叶之前到来。中国人口与发展研究中心利用 PADIS 系统[①]预测，中国人口总量将会在 2040 年前后达到 14.7 亿人左右后开始减少，2050 年将下降到 14.6 亿人左右，联合国经济和社会事务部人口司预测中国人口将在 2030 年达到峰值 14.62 亿人（见表 4-1），而根据世界银行近期的预测，2030 年前后，中国将达到人口峰值 14.38 亿人。

表 4-1 21 世纪中叶前中国人口变动趋势

单位：亿人，%

年份	联合国经济和社会事务部人口司				世界银行		
	城市	农村	总人口	城市化水平	总人口	65 岁及以上人口	65 岁及以上人口比例
2010	6.36	7.18	13.54	47.00	13.38	1.10	8.22
2015	7.13	6.83	13.96	51.10	13.77	1.29	9.37
2020	7.87	6.44	14.31	55.00	14.10	1.63	11.56
2025	8.51	6.02	14.53	58.60	14.31	1.89	13.21
2030	9.05	5.57	14.62	61.90	14.38	2.25	15.65
2035	9.50	5.13	14.62	64.90	14.34	2.70	18.83
2040	9.87	4.68	14.55	67.80	14.24	3.02	21.21
2045	10.17	4.23	14.40	70.60	14.06	3.06	21.76
2050	10.38	3.79	14.17	73.20	13.77	3.10	22.51

资料来源：http://databank.worldbank.org/；http://esa.un.org/wup2009/unup/, Friday, September 24, 2010; 4:06:51 AM。

---

① PADIS 系统是中国人口与发展研究中心研发的人口宏观管理与决策支持系统。

二 城镇化进程

2009年中国的城镇化水平达到46.6%，到2050年则将有75%的人口居住在城市[①]，城镇化水平的持续提高将对粮食消费产生重大影响。近年来，中国人口自然增长率不断下降，但由于人口基数较大，每年还要净增几百万人口，在这种情况下，中国城市化水平年均提高1%左右，城市人口绝对数量迅速增长。根据联合国经济和社会事务部人口司（2004）的预测，中国城市人口总数将由2009年的6.2亿增加到2020年的7.87亿、2030年的9.05亿和2050年的10.4亿。城镇人口的增加，会使得农民由粮食生产者转变为粮食消费者，由于肉、蛋、奶等畜产品和水产品、副食消费比重的扩大，口粮消费的数量和比重将会下降。伴随着城镇化进程，每年有数以亿计的农民工从农村流动到城市，2009年中国流动人口数量达到2.11亿，然而农民工虽然居住在城市并被计算为城市人口，但其收入水平、消费模式无法等同于一般城市居民。目前中国的城镇化表现为一种"伪城镇化"[②]，城镇化率实际上被大大高估了[③]，因此研究城镇化对粮食消费的影响，不能简单地将中国居民划分为城镇居民和农村居民，对流动人口的粮食消费，也应加以考虑。表4-2是本研究根据相关的资料设置的中国中长期人口总量与结构的基准方案。

表4-2 基准方案（S0）下中国中长期人口总量与结构

单位：千人，%

年份	人口增长速度	年份	人口总量	农村人口	城市人口	流动人口
2010~2015	0.61	2015	1395998	682907	472091	241000
2016~2020	0.5	2020	1431155	644394	520761	266000

---

① 《中国城市发展报告（2009）》，中国城市出版社，2010。
② 《中国财政政策报告2010/2011》，中国财政经济出版社，2010。
③ 中央农村工作领导小组副组长、办公室主任陈锡文在海口召开的中国"十二五"农村改革国际论坛上的讲话。

续表

年份	人口增长速度	年份	人口总量	农村人口	城市人口	流动人口
2021~2025	0.31	2025	1453140	601710	560430	291000
2026~2030	0.13	2030	1462468	557019	594449	311000
2031~2035	0.00	2035	1462351	512587	623764	326000
2036~2040	-0.1	2040	1455055	467893	646162	341000
2041~2045	-0.2	2045	1440289	423322	665967	351000
2046~2050	-0.33	2050	1417045	379350	676695	361000

注：此表中的人口增长速度、人口总量和结构来自联合国经济和社会事务部人口司关于中国人口的相关预测，流动人口数根据国家人口计生委流动人口服务管理司发布的《中国流动人口发展报告 2010》推算而来。

三 国家经济增长与工业化进程

近30年来，逾10亿人的庞大市场需求以及强有力的、日趋完善的产品供给保障了中国经济的平稳较快发展，即使在世界金融危机爆发的2008年，中国经济仍保持了9%的增长，对世界经济增长的贡献超过20%。随着经济发展和工业化的推进，中国粮食加工业迅速发展，以粮食为加工原料的需求高速增长。农产品加工业产值与农业产值之比反映了农产品的增值程度和农产品加工业对 GNP 的贡献程度。目前，中国农产品加工业的产值与农业产值之比是1.1∶1，而发达国家为（2.0~4.0）∶1，可见发达国家农产品加工业对其 GNP 的贡献程度远远高于中国。虽然中国主要农产品的产量早已超过美国，但美国农产品加工业和农业产值的比值现在是（3.4、3.5）∶1，远高于中国。中国农产品加工业发展的相对滞后与中国目前所处的工业化中期阶段是相对应的，随着经济的发展、工业化的推进，这个比值是会发生变化的，工业化会带来对农产品加工需求的增长，这个需求也是刚性增长的。

四 畜牧业发展

中国城乡居民收入水平的提高、畜产品消费的增长将带动中国畜牧业的长期快速发展。畜牧业生产中的能量饲料和蛋白质饲料主要来源于粮食，能量饲料主要包括谷物中的玉米、稻谷、小麦、高粱、小麦麸等，还包括一些块根类饲料，如马铃薯、红薯等，豆粕则是一种重要的植物性蛋白质饲料。目前，中国居民的动物性食品的消费水平已经超过世界平均水平（FAO，2010），但和发达国家和主要畜牧业国家相比，还有较大差距，中长期内中国动物性食品消费的持续增长将会拉动玉米、大豆等主要饲料原料消费的快速增长。

五　国家粮食消费政策

粮食是国民经济的基础，是人们赖以生存的生活必需品，是关系到国计民生的根本性战略资源。绝大多数国家都将保障本国粮食安全视为重要政策目标，并结合本国的消费偏好、经济发展水平和发展战略等，通过一系列制度安排和配套政策，力图实现这一目标（邓亦武，2004）。随着工业化、城市化的加速推进和人民生活水平的日趋改善，中国粮食需求总量将刚性增长，而粮食的生产面临着人均耕地和水资源不足、农业基础设施薄弱等不利因素，粮食供求紧平衡的局面将长期存在。基本国情决定了国家对于粮食供给和消费必须进行有效的调控和引导，以确保粮食对全体国民的有效供给。

第二节　微观影响因素

一　价格

价格是中国政府对粮食供需进行宏观调控的重要工具之一。粮价调控具有双重目标：首先，保持粮食价格处于合理较高水平，对保护和调动农民种粮积极性，促进粮食增产、农民增收，保障粮食供给具有极其重要的作用；其次，粮食价格上涨幅度不宜过大，粮食价格的波动会影响总的价格水平，进而影响到整个宏观经济。目前中国仍然有50%以上的粮食用于直接消费，粮食消费的替代性较差，如果粮价上涨幅度过大，将会引起城市中低收入家庭生活困难，对于维护粮食市场稳定、保障经济平稳较快发展极其不利。可以预见，中长期内，粮食价格将是国家粮价宏观调控的重点之一，为实现调控的双重目标，中国粮食价格仍将保持"温和性上涨"的态势。

二 城乡居民收入增长

随着国民经济的增长，城乡居民收入也持续增长（见图 4-1）。1979~2009 年，中国城市居民收入由 387 元增长到 17175 元，增长了约 43 倍，农村居民收入由 160.2 元增长到 5153 元（国家统计局，2008），增长了约 31 倍。随着收入水平的提高，城乡居民的消费结构将日益走向多元化，对营养和健康的进一步追求，将会驱使水果、蔬菜、肉、蛋、奶等非粮食类产品在更广的范围、更深的层次上形成对粮食直接消费的替代。城乡居民将倾向于将增加的收入用于提高高档食品（质量和营养较高）的消费比重，而降低"劣质品"（大米、面粉）的消费比重。由于中国城市居民可支配收入增长幅度明显高于农村居民纯收入增长幅度，因此城乡居民收入差距由 226.8 元增加到 12022 元，城乡居民收入之比由 2.42 增加到 3.33，城乡居民收入差距呈逐渐拉大的趋势。

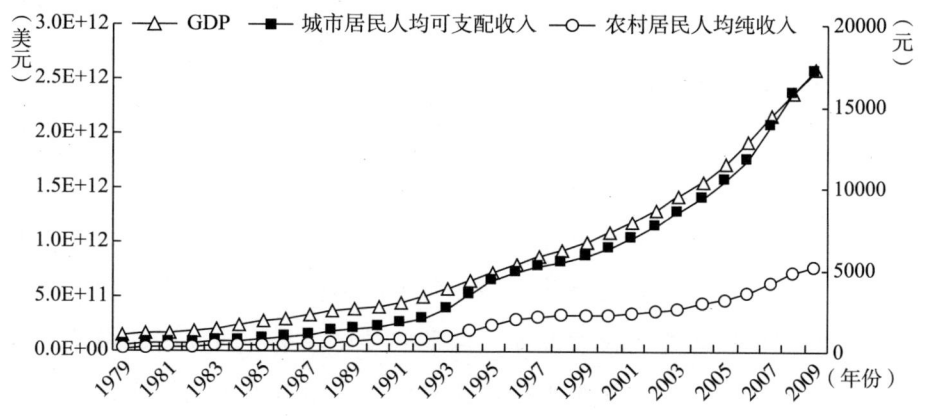

图 4-1 中国历年 GDP 以及城乡居民收入变化（1979~2009）

资料来源：*The Complete World Development Report*, 1978-2009, http://publications.worldbank.org；历年《中国统计年鉴》。

今后，随着经济发展，城乡居民收入仍将持续增长，在相当长一段时期内，城乡居民收入差距依然存在。城乡居民的粮食消费在不断变化的同时，还将存在显著差异。

三　饮食习惯

饮食习惯也是影响粮食消费的一个重要因素，由于受到地域、文化、物产、历史的长期影响，饮食习惯相对稳定。就口粮消费来说，中国居民口粮消费存在很大差异，形成了南方地区以稻米为主，北方地区以面食为主，东北、西北及山区主食粗细搭配多样性强的地域消费格局。目前，北方居民大米消费量的增加和南方居民面粉消费量的上升，将导致其他相关粮食比重的下降，但这个过程是缓慢的，饮食习惯的变化是一个潜移默化的过程；就食物消费结构来说，传统上，以中国和日本、印度为代表的亚洲国家，食品消费中谷物的消费比重较高，肉蛋奶和植物油的消费比重较低。随着经济发展水平和消费水平的提高，中国食品消费结构中谷物消费的比重会进一步下降，对肉蛋奶和植物油的消费比重会逐步提高，但亚洲国家居民的饮食习惯决定了中长期中国食物消费模式与欧美国家高能量、高蛋白、高脂肪的食物消费模式相比仍有较大差距。

第三节　本章小结

中长期内，宏微观经济变量的变化情况在中国粮食需求量的预测和需求趋势的判断中扮演着至关重要的角色。不同的研究对于粮食消费影响因素的把握往往存在较大差异，这种差异往往是不同预测结果差别较大的重要原因之一。本章对于粮食消费宏微观影响因素及其变化的新趋势的深入考虑是对中国粮食总量以及主要粮食品种中长期需求趋势研究的前提和关键。

第五章　中国粮食消费的历史、现状与趋势

在漫长的历史发展进程中，由于人口众多、资源相对匮乏，粮食和农业发展问题一直困扰着我们这个古老的国家，粮食问题是中国永恒性的难题，解决粮食问题是中国农业永恒的主题（刘巽浩，2010）。新中国成立后，党和国家一直对农民、农村和农业的发展给予高度的关注和重视，始终把解决好十几亿人口的吃饭问题作为治国安邦的头等大事，把立足国内生产、实现粮食基本自给作为长期坚持的一条底线，高度重视粮食生产基本条件的改善和粮食综合生产能力的提高。1949~2010年，粮食总产量从11318万吨增长到54640万吨（国家统计局，2010），增长了3.8倍，虽然中国人口增长了近1.5倍，但人均粮食占有量也从209千克增长到398千克，增长了近1倍，基本实现了粮食供求平衡。中国用占世界9%左右的耕地和占世界6.5%左右的淡水资源，解决了世界20%左右人口的温饱问题，并实现了人民生活从温饱不足向总体小康的历史性跨越，提前达到联合国千年发展目标中的减贫目标，为全球粮食安全以及世界和平与发展做出了巨大贡献。

近几年来，中央连续发布8个"一号文件"，采用各种措施加大对农民种粮的支持力度，通过价格支持、种粮补贴、投入品补贴等手段，确保粮食稳定发展、农民增收。到2010年，中国粮食实现了7年增产，然而从中长期发展趋势来看，随着中国人口的持续增长，城市化、工业化进程的不断推进，居民收入的提高以及生活方式的转变，中国粮食消

费需求总量的刚性增长不可扭转。本章在对中国粮食消费历史、现状进行分析的基础上，利用灰色系统理论对中国中长期粮食需求总量进行了预测，并根据中国经济社会的发展趋势，对粮食需求结构特征进行了判断。

第一节　新中国成立以来中国粮食消费的历史回顾

中国是世界上人口最多的国家，也是粮食消费最多的国家。依靠国际粮食贸易不仅无法满足巨大的国内粮食消费需求，同时还可能会带来一系列政治问题。中国政府历来以保持粮食基本自给为基本原则，粮食供给主要来自国内生产，而农业政策的阶段性演变与粮食的生产波动有很大的相关性。因此，中国粮食消费的历史变迁同粮食生产波动、农业政策的不断调整密不可分。新中国成立后，中国人民生活沿着"贫困—温饱—总体小康"的轨迹发展，粮食消费量虽然有时起伏波动，甚至是停滞，但总的趋势是逐步增长的。根据人们粮食消费水平的不同，可将中国粮食消费划为以下四个阶段。

一　从新中国成立到 1978 年，中国居民粮食消费处于温饱不足阶段

中国在新中国成立初期进行了土地改革，开展了互助合作，到后期开始实行人民公社的集中经营体制。在这一阶段，粮食和副食品平均分配，限量供给。农村由生产队统一分配粮食等食物，城镇居民则凭票限量购买粮食和副食品，这种粮食分配方法保障了居民生存的基本粮食需求，但在某种程度上抑制了劳动者的生产积极性。解放初期中国采取"以粮为纲"的方针，农业生产单一集中于粮食生产。虽然 20 世纪六七十年代的自然灾害和政治运动使农业生产一度出现波动，但粮食生产还是从解放初期的 11318 万吨上了多个台阶，达到了 1978 年的 30477

万吨。这一时期，在超过2.5%的年均人口增长和粮食配给制的共同作用下，粮食仍然十分短缺。人均粮食占有量从209千克增长到317千克，人均猪牛羊肉、家禽和鲜蛋消费量缓慢增长。这一阶段中国粮食消费以直接消费为主，人均口粮消费占人均粮食占有量的60%以上，动物性食物消费比例非常低，粮食消费支出占消费支出的比例较高，占食品消费支出的比例更高，粮食消费还处于比较落后的低水平消费时期，温饱问题尚未完全解决。

二 从1978年到1987年，人民生活从温饱不足向基本解决温饱过渡，粮食消费快速增长

1978年中国从中央集权的计划经济体制开始向市场经济体制过渡，实行"有计划的商品经济"。改革从农村开始，废除了人民公社体制，确立了以家庭联产承包经营为基础、统分结合的双层经营体制。新时期的农村经营制度极大地提高了农民的生产积极性，促进了农业生产的快速增长，粮食产量从1978年的30477万吨增长为1987年的40473万吨，增长了32.8%，由于采取了较为严格的计划生育管理制度，十年间人口仅仅增长了13.5%，人均粮食占有量从1978年的317千克增长到1987年的370千克。人均口粮消费快速增长，1986年达到最高的253千克，人均猪牛羊肉、家禽和鲜蛋等动物性食品消费量持续增长。城乡居民较为单一的食品消费结构有了较大改善，粮食消费开始由直接消费向动物性食物的间接消费方向转变，但粮食口粮直接消费还在保持增长，饲料粮消费快速增长。

三 1988年至2002年，人民生活由基本解决温饱向总体小康过渡，口粮消费开始下降，饲料粮消费快速上升

这一阶段改革力度和对外开放程度不断加大，从1993年开始，社会主义市场经济体制在中国得以确立。中央加大了对农业的宏观调控力度，实施了一系列粮食生产扶持措施，增加了对农业的投入。1995年

中国开始实行"米袋子"省长负责制,这项制度对推动粮食生产发展、促进粮食总量增长、稳定粮食市场起到了积极作用。从 1988 年开始,中国的粮食产量不断增长,由最初的 39404 万吨,1998 年达到有史以来最高的 51230 万吨,人均粮食占有量达到 411 千克。此后粮价不断下跌,农业生产资料价格上涨,粮食生产成本上升,农民种粮比较效益下降,影响了农民种粮积极性,造成了 1998 年以后粮食数年减产。人口自然增长率由 1988 年的 14.20‰持续下降到 2002 年的 6.45‰,15 年间仅增长 17427 万人。城乡人均猪牛羊肉、家禽和鲜蛋消费都有了大幅度的增长,动物性食品消费快速增长对粮食直接消费的替代作用开始显现,城乡人均口粮消费都开始呈现下降趋势,而饲料粮消费快速上升。

四 2003 年至今,人民生活由总体小康向全面小康迈进,处于多用途争粮阶段

国家不断加大对农业发展的扶持力度,从 2004 年至今中央已连续出台 7 个"一号文件",形成了比较成熟的农业政策支持体系,取消了农业税、农业特产税、牧业税、屠宰税;实行了种粮农民直接补贴、良种补贴、农机购置补贴和农资综合直补,并实行稻谷、小麦等粮食品种

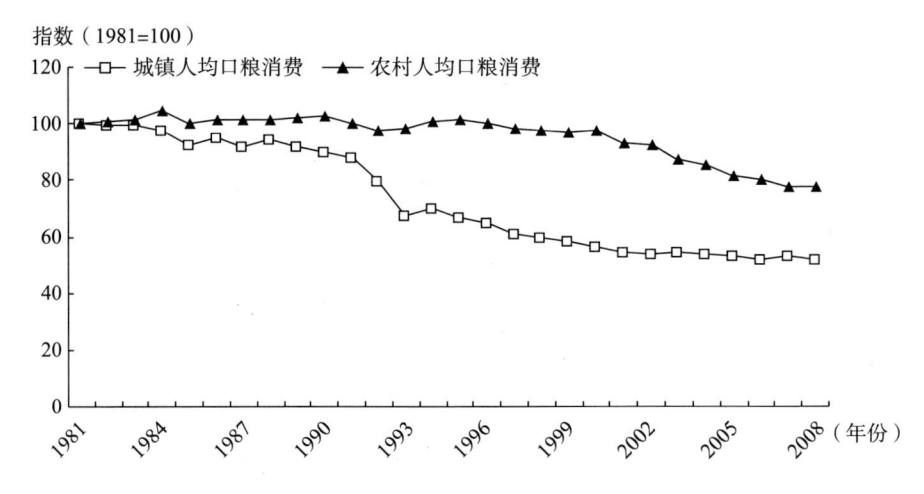

图 5-1 中国农村和城市人均口粮消费

资料来源:国家统计局,历年《中国统计年鉴》。

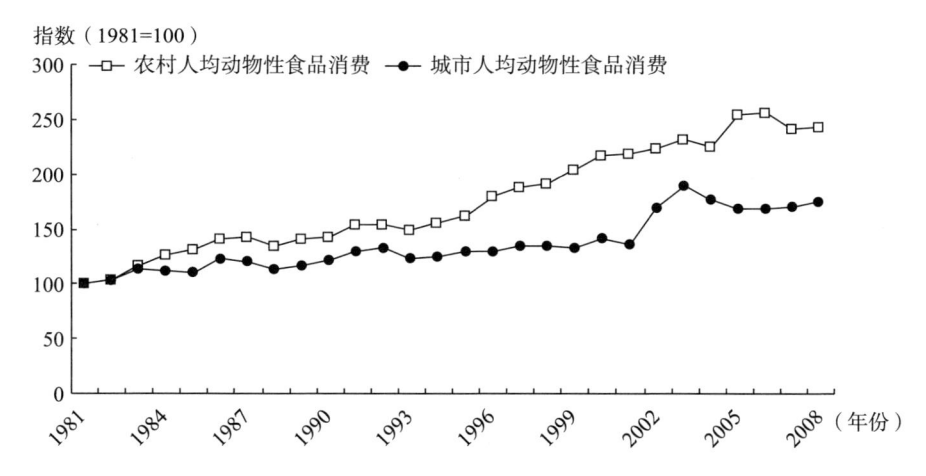

图 5-2 中国农村和城市人均动物性食品消费

资料来源：根据 1985～2009 年《中国统计年鉴》数据整理、计算所得，动物性食品包括猪牛羊肉、家禽、鲜蛋和水产品，因鲜奶消费数据缺失，未包含在内。

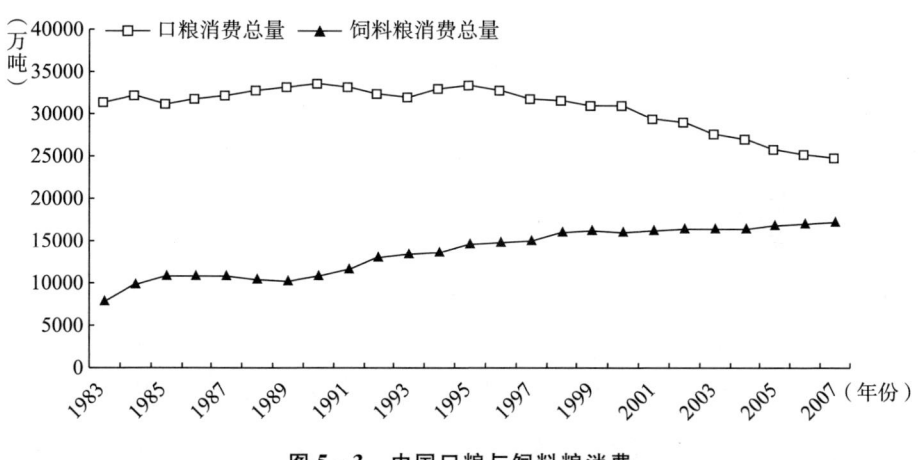

图 5-3 中国口粮与饲料粮消费

资料来源：口粮消费需求根据 1985～2009 年《中国统计年鉴》数据整理、计算所得，饲料消费需求数据转引自尹成杰《粮安天下》。

最低收购价政策，不断加大投入规模。从 2004 年开始，中国粮食生产也实现了 6 年增产，而人口增长速度减缓，2009 年人口增长率仅为 5.05‰，当年粮食产量达到 53082 万吨，人均粮食占有量近 400 千克。这一阶段城乡人均口粮消费数量以及口粮消费总量继续下降，但口粮消费占粮食消费的比例仍然在 50% 左右（见图 5-1），城乡居民动物性食品消费数量增加（见图5-2），饲料粮消费大幅度增长（见图5-3），粮食消费向安全、优质、营养的方向发展。粮食消费结构和数量的变化标志着中国居民的生活水平开始向全面小康迈进。

第二节 中国居民粮食消费现状

近年来，虽然中国人口自然增长率不断下降，但由于人口基数较大，每年还要净增几百万人口。同时，随着城市化进程加快，每年都有相当数量的农民变成城市居民，虽然口粮消费量有所下降，但动物性消费量明显增加，动物性食品的增加则需要更多的饲料粮转化。中国粮食消费总量2006年突破50000万吨后继续保持刚性增长，并且粮食消费需求的增幅有逐渐扩大的趋势，根据有关部门测算，2008年粮食消费量为51700万吨（聂振邦，2009）。现阶段，中国粮食消费在用途结构、品种结构以及城乡消费方面具有不同特点，具体分析如下。

一 粮食消费用途结构

20世纪90年代中期以来，中国城乡居民人均口粮消费量趋于减少，口粮消费占粮食消费的比重也一直呈现下降趋势，但是到目前为止，中国粮食消费需求中口粮消费仍然超过50%，2009年用于口粮消费的水稻、小麦和玉米占三大粮食消费总量的56.4%，其中水稻和小麦口粮消费分别达到86.1%和75.9%。人们对畜产品、水产品消费的快速增长，拉动了饲料粮消费的稳步增长，2009年饲料粮需求占三大粮食品种消费总量的27.4%；中国已经进入工业化、城镇化加速发展的阶段，经济发展和居民收入水平的提高，引发了工业用粮的快速增长，工业用粮占三大粮食消费总量的比例达到14.5%（见表5-1）。目前中国粮食加工业取得了快速发展，粮食加工产品多达2000多种，但与现代农业的要求及与发达国家相比，仍然存在较大差距，生产经营方式仍然比较粗放,粮食加工产业化经营模式有待进一步完善。随着作物改良和生物育种技术的广泛应用,以及农业生产条件的改善,种子用粮需求数量及其在粮食需求总量中的比重稳中略降,2009 年种子用粮占粮食消费总量比重最小,只有 1.70%(见图 5-4)。大豆主要用来榨油,根据国家粮油信息中心的测算,2009 年中国大豆压榨量达到 4500 万吨,占国内大豆消费量的 80.1%,食用及工业消费 1050 万吨,占国内大豆消费量的 18.7%。

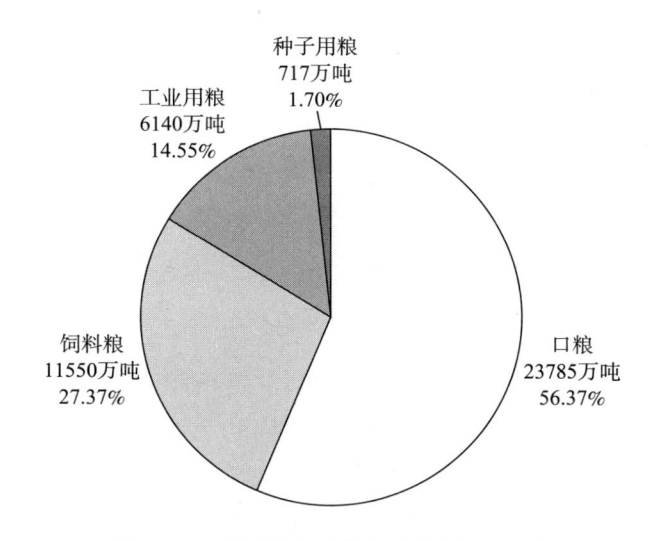

图 5-4 中国粮食消费用途比例(2009)

资料来源:依据国家粮油信息中心有关数据计算。

表 5-1 三大粮食品种各用途消费比重

单位:万吨,%

用途\品种	稻谷	比重	小麦	比重	玉米	比重	总量	比重
口粮	15600	86.1	8050	75.9	1385	9.4	23785	56.4
饲料粮	1400	7.7	1050	9.9	9100	61.8	11550	27.4
工业用粮	1000	5.5	1040	9.8	4100	27.9	6140	14.5
种子用粮	119	0.7	469	4.4	129	0.9	717	1.7
总量	18119	100	10609	100	14714	100	42192	100

资料来源:依据国家粮油信息中心有关数据计算。

二 粮食品种消费结构

从粮食品种消费结构上看，稻谷仍是中国粮食消费的第一大品种和中国居民最主要的口粮，大米消费在人均细粮消费中占60%以上，由于饲料粮和工业用粮需求的快速上升的拉动，玉米消费自20世纪90年代中期超越小麦后一直是中国粮食消费的第二大品种，小麦是中国粮食消费的第三大品种。2009年中国稻谷、玉米、小麦、大豆的消费量分别为18119万吨、14714万吨、10609万吨、5615万吨，分别占四种粮食消费总量的36.93%、29.99%、21.63%、11.45%（见图5-5）。

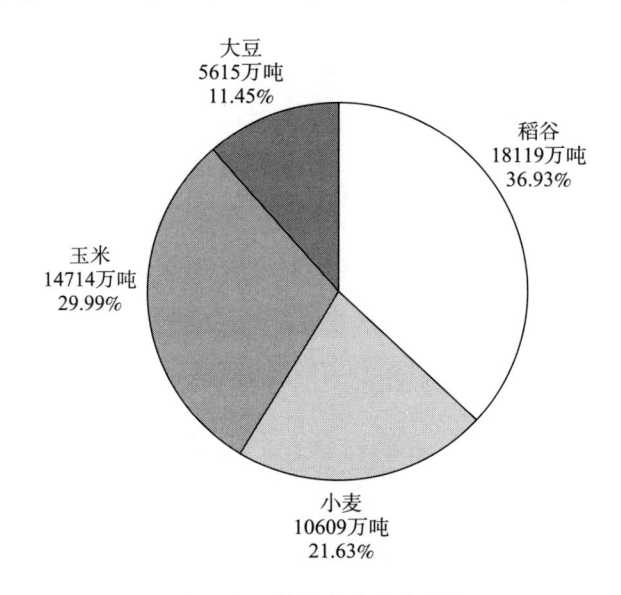

图5-5 中国主要粮食品种消费结构（2009）
资料来源：依据国家粮油信息中心有关数据计算。

近年来，虽然用于口粮消费的稻谷量不断增长，但稻谷饲料用量下降幅度更大，致使稻谷的总消费量持续下降；小麦制粉消费量有了一定程度的下降，但其他各种用途消费量的增长，致使小麦消费量总体趋于平稳；而对玉米、大豆的需求呈现规模和比重双增的态势。粮食消费品种结构的变化与前述粮食消费用途结构的变化有较强的一致性。首先，受城乡居民人均口粮消费水平降低和城镇化水平提高的影响，作为粮食直接消费的口粮出现了下降的趋势,主要用作口粮的稻谷和小麦消费量下降;其次,随着人们生活水平的提高,动物性食品和食用植物油消费量快速增长,饲料粮和工业用粮持续增长,主要用作饲料粮和工业用粮的玉米和大豆需求增长强劲。

三 城乡居民粮食消费差异

中国经济社会发展具有城乡"二元结构"的特点,粮食消费也一直存在城乡二元结构。从表5-2可以看出:1999~2009年,中国城镇居民粮食直接消费量呈波动下降趋势,而农村居民的粮食直接消费量则逐年下降;在肉类和水产品消费方面城镇居民和农村居民均呈现波动上升趋势,城乡居民鲜蛋消费量基本稳定,城镇居民奶产品消费快速上升后基本稳定,农村居民则逐年上升。总的来说,随着收入的增加,城乡居民粮食直接消费量不断下降,肉、禽、蛋、奶以及水产品的消费增长迅速,城乡粮食消费的差异在缩小,但是目前中国城乡居民食品消费量差距依然较大。由于相对较低的收入水平和不够完善的农村市场,农民对粮食直接消费的依赖程度远远高于城镇居民,而城镇居民动物性食品的消费量则远高于农村居民(见表5-2)。

表5-2 中国城乡居民食品消费结构(1999~2009年)

单位:千克/人

年份	城镇居民					农村居民				
	粮食	肉类	鲜蛋	水产品	奶	粮食	肉类	鲜蛋	水产品	奶
1999	84.91	24.92	10.92	10.34	—	247.45	17.07	4.28	3.82	—
2000	82.31	25.50	11.21	11.74	9.94	249.49	18.30	4.97	3.92	1.06
2001	79.69	24.06	10.41	10.33	11.90	237.98	18.21	4.72	4.12	1.20
2002	78.48	32.82	10.56	10.20	15.72	236.50	18.60	4.66	4.36	1.19
2003	79.52	32.94	11.19	13.35	18.62	222.44	19.68	4.81	4.65	1.71
2004	78.18	29.22	10.35	12.48	18.83	218.26	19.24	4.59	4.49	1.98
2005	76.98	32.83	10.40	12.55	17.92	208.85	22.42	4.71	4.94	2.86

续表

年份	城镇居民					农村居民				
	粮食	肉类	鲜蛋	水产品	奶	粮食	肉类	鲜蛋	水产品	奶
2006	75.92	32.12	10.41	12.95	18.32	205.62	22.31	5.00	5.01	3.15
2007	77.60	31.80	10.33	14.20	17.75	199.48	20.54	3.86	3.52	4.72
2008	—	30.70	10.74	—	15.19	199.07	20.15	4.36	3.43	5.43
2009	81.33	34.67	10.57	—	14.91	189.26	21.53	5.32	3.60	5.27

资料来源：根据 2000~2010 年《中国统计年鉴》数据整理计算而成。

第三节 中长期粮食需求总量预测

一 灰色系统理论用于粮食需求总量预测的适用性分析

中国粮食品种众多，每种粮食的消费特点、功能用途都有独特之处，加上地域广大，不同地域的消费者的粮食消费结构往往有很大差异，同时粮食消费还要受到众多宏微观社会经济因素的影响。中国的粮食消费总量问题是一个灰色的系统：影响粮食消费需求的众多因素有已知的、未知的，有可度量的、不可度量的，因此，我们完全可以将其作为一个信息不充分的灰色系统，应用灰色系统理论进行研究分析。若采用传统的回归预测分析方法，则需要大量的统计数据，构造复杂的变量结构，同时数据的可获得性和可信性也需要谨慎评估，众多影响因素之间须彼此不相关；而利用灰色理论预测模型对其处理，则回避了这些问题，我们可以通过寻找其内部规律，进行科学预测。

本研究应用 GM (1, 1) 模型来建立粮食消费总量预测模型，GM (1, 1) 模型不需要探索粮食消费需求影响因素和粮食消费量之间的复杂关系，而是把粮食消费量看作一个灰色过程，研究和探索其变动的内部规律，从而对其未来的变动趋势做出预测。利用 GM (1, 1) 模型对粮食消费总量进行预测，简化了对粮食消费影响因素的考虑，这种简化反而可以得到相对更好的预测效果。首先，在一个复杂的系统中，许多强烈相关因素之间其实没有直接的关系；其次，一些因素很难量化，甚至是非连读的，无法将其作为变量，而它们对粮食消费量的影响非常重要；最后，对于粮食消费总需求量来说，一些影响因素之间可能存在非常强的相关性，无法保证数据处理后变量的相互独立性。

二 中国粮食需求总量的 GM（1，1）新陈代谢模型

当前中国正处于转型时期，经济发展的不确定性非常突出。中长期经济预测相对于短期预测常常准确性较差，加上社会经济政策因素的不确定性，更加难以预测；但是相对于政策价值和现实意义较强的短期预测，长期预测具有更强的战略决策价值。对粮食需求的中长期趋势进行预测是中国粮食安全研究的重要内容，但要十分准确地预测是十分困难的。由于数据来源不同，关于中国粮食消费总量数据往往存在较大差别，考虑到数据来源的权威性和可靠性，我们所选用的数据以国家粮食局聂振邦局长主编的《中国粮食发展报告》为准，选用了2003~2009年的粮食消费数据。本研究采用 GM（1，1）新陈代谢模型对中国2020年、2030年以及2050年的粮食消费总量进行预测。

为了保证建模方法的可行性，需要对已知的数列进行必要的检验处理，我们首先进行灰色系统的事前检验。

2003~2009年，中国粮食消费总量序列为：(48625, 49090, 49775, 50800, 51250, 51700, 52300)，分别计算此数列的级比，得到这7年中国粮食消费总量的级比为：0.991, 0.986, 0.980, 0.991, 0.991, 0.989。由于 N=7，所以建模序列 $x^{(0)}$ 的级比 $\sigma^{(0)}(t)$ 的覆盖空间为 $(e^{-\frac{2}{7+1}}, e^{\frac{2}{7+1}})$，即 $(e^{-\frac{1}{4}}, e^{\frac{1}{4}})$，经过计算对比，中国粮食消费总量的所有级比处于此区间内。因此，我们认为利用中国2003~2009年的粮食消费总量数据构建 GM（1，1）模型是可行的、有意义的。

我们首先对中国粮食消费总量建立 GM（1，1）模型：

$$\frac{\mathrm{d}x^{(1)}}{\mathrm{d}t} - 0.012497 x^{(1)} = 48329.470633 \qquad (5-1)$$

通过计算得到其离散时间响应函数为：

$$\hat{x}^{(1)}(k+1) = 3915964.253648 e^{0.012497k} - 3867339.253648 \quad (5-2)$$

灰色预测初步结果如表5-3所示。

表5-3 灰色预测结果分析

年份	粮食消费总量（万吨）	灰色预测值（万吨）	残差 q	相对误差 ε	精度
2003	48625	48625	0	0	1.0000
2004	49090	49244.19	154.19	0.00314	0.99686
2005	49775	49863.44	88.44	0.00177	0.99823
2006	50800	50490.49	-309.51	-0.00609	0.99391
2007	51250	51125.42	-124.58	-0.00243	0.99757
2008	51700	51768.33	68.33	0.00132	0.99868
2009	52300	52419.33	119.33	0.00228	0.99772
2020	—	60254.65	—	—	—
2030	—	67692.69	—	—	—
2050	—	84379.57	—	—	—

三 模型检验与结果分析

（1）模型检验

首先计算模型的平均残差，根据公式：

$$\varepsilon(avg) = \frac{1}{n-1} \sum_{t=2}^{n} |\varepsilon(t)| \quad (5-3)$$

可以计算出模型的平均残差为0.00284，从而模型的整体精度为：

$$p^0 = [1 - \varepsilon(avg)] \times 100\% = (1 - 0.00284) \times 100\% = 99.716\%$$

根据模型的残差检验标准可知，该模型通过残差检验。

然后，通过计算可得：

$$\min \min |\hat{x}^{(0)}(k) - x^{(0)}(k)| = 0$$
$$\max \max |\hat{x}^{(0)}(k) - x^{(0)}(k)| = 309.51$$

取 $\rho=0.5$，则原数列的每一项与所对应的预测数列的每一项的关联系数 $\eta(k)$ 为 (1, 0.5009, 0.6364, 0.3333, 0.5540, 0.6937, 0.5646)。

可得关联度为 $r=\frac{1}{n}\sum_{k=1}^{n}\eta(k)=0.6118>0.6$，认为可以通过关联度检验。

最后，我们进行后验残差检验：

原数列的标准差为：$S_1=1376.0872$，绝对误差的标准差为：$S_2=164.22514$。

那么，后验误差 $C=S_2/S_1=0.1193$，$P=1$，根据后验误差检验判断标准可知，模型通过后验误差检验，预测精度较高，效果较好。

（2）结果分析

随着中国人民生活水平的提高、工业化和城镇化的加速推进，以及居民粮食消费结构的不断升级，未来几十年中国粮食消费总量持续增长的趋势不可扭转。由于粮食消费问题的复杂性，中国一直缺乏完整、系统的粮食消费数据，尤其是总量数据。考虑到数据的可比性和可信度，本研究选用了历年《中国粮食发展报告》中的粮食消费总量数据，运用新陈代谢灰色理论模型，对中国人民生活达到全面小康水平时（2020年），人口达到峰值、基本实现工业化时（2030年），以及经济社会发展达到中等发达国家水平时（2050年）的粮食消费总量进行了预测：2020年、2030年，以及2050年，中国粮食消费总量将分别达到60254.65万吨、67692.69万吨以及84379.57万吨。各年预测结果要低于康晓光、黄培民、陆伟国等人的研究结论，而高于朱希刚、姜长云等人的成果（具体见文献综述）。

灰色系统理论着重解决概率统计、模糊数学等数理方法难以解决的"小样本""贫信息"不确定问题，并依据信息覆盖，通过序列算子的作用探索事物运动的现实规律，其特点是"少数据建模"。本研究采用了新陈代谢预测模型，并严格按照 GM (1, 1) 模型检验的三种方法对预测结果进行检验，结果比较理想。

第四节　中国居民粮食需求的中长期趋势展望

一　在未来相当长一段时间内，中国人口继续增长，居民收入水平不断提高，工业化、城市化进程不断推进，粮食消费需求总量呈刚性增长趋势

中国人口在相当长的时期内将处于净增长状态，虽然人口自然增长率较低，但由于基数巨大，人口增长的绝对数量不容忽视。虽然2009年中国人口自然增长率只有5.05‰，但比2008年增加了672万人，全国总人口达到13.35亿人（中国人口与发展研究中心，2009）；在人口持续增长的同时，由于城市化进程的加快，每年有逾1400万人转移到城市。2009年，中国城市化率达46.6%，比2008年提高了0.9个百分点，新增城市人口1519万人。中国的城市化水平最终可能达到70%，这就意味着今后每年要提高城市化水平近1个百分点，就会有相当数量的农民从农村迁移到城市，由粮食生产者变为粮食消费者，农民变成市民之后，虽然口粮消费有所下降，但对肉、蛋、奶等农产品的消费将明显增加。截至2009年底，中国有近2.3亿农民进城务工（国家统计局，2010），他们成为城市新的消费群体，也由粮食的生产者成为纯粹的消费者，未来二三十年，农民进城的规模仍将不断扩大，粮食消费的商品量将进一步增加。人口总量、城市人口以及农民进城务工数量的持续增长，将成为今后一段时间内粮食消费需求总量刚性增长的最主要原因。

二　食品消费结构升级，渐趋多元化，但仍以植物性食物为主、动物性食物为辅

从世界粮食消费经验来看，人们膳食水平提高和消费结构优化的过程，伴随着粮食等农产品消费水平的提高。目前，多数亚洲国家的经济发展水平相对较低，加上与欧美国家传统饮食习惯方面的差异，亚洲国家和欧美国家的食品消费结构有很大不同。以中国、日本、韩国和印度等国家为代表的亚洲国家，食品消费中谷物的比重较高，肉、蛋、奶和植物油的消费比重较低；而欧美国家的食品消费结构具有高能量、高脂肪、高蛋白等特征，对肉、奶和植物油的消费比重较高，对谷物等消费比重较低。即使将来中国居民收入水平有很大提高，也不可能达到欧美发达国家肉类 100 千克左右、奶 100～150 千克的消费水平（程国强，1998），中国的膳食消费结构仍以植物性食物为主、动物性食物为辅。

三 口粮消费需求平稳趋降，饲料粮、工业用粮需求快速增长，种子用粮需求稳中趋减

城乡居民在生活水平不断提高的过程中将更加关注粮食消费的营养和保健功能，口粮消费日趋求精，对粮食的营养化、健康化、多样化将有更高的要求，同时，水果、蔬菜、肉、蛋、奶等农产品消费的增长将在更深层次上形成对口粮消费的替代，进一步降低了食品消费结构中谷物消费的比重，提高了水果、蔬菜、肉、蛋、奶等农产品的消费比重，口粮消费需求继续保持下降趋势。虽然口粮消费量下降，但动物性食品消费的增长将依靠更多的饲料粮转化。可以预见，中国居民口粮消费继续平稳下降，而饲料粮仍然保持快速增长的态势。

随着经济社会发展和收入水平的提高，城乡居民对工业用粮消费需求的数量和质量都将有更高的要求；中国粮食加工业规模小，竞争能力弱，存在着巨大的发展潜力。目前，世界上以玉米做原材料转化生物燃料非常普遍，美国和巴西每年都要利用大量的玉米转化燃料乙醇，中国现有四个生产燃料乙醇的企业，使用的原料主要是储备粮中存放时间比较久的陈化粮以及非粮食作物。根据中国政府的一贯立场，粮食安全的重要性要高于能源安全，燃料乙醇原材料以非粮为主的方向已经十分明确（国家发展和改革委员会，2006）。虽然如此，从中长期趋势来看，工业用粮消费需求仍将快速增长。

尽管中国实行了最严格的耕地保护制度和最严格的节约用地制度，但随着工业化、城镇化进程的加快，中国粮食作物播种面积很可能会下降，而作物栽培技术将不断进步，良种普及率也会日趋提高。从中长期来看，中国种子用粮的消费量有望进一步减少。

四 稻谷、小麦消费需求呈下降趋势，玉米、大豆消费需求快速增长

中国稻谷、小麦主要用于口粮，也是中国居民口粮消费的最主要的组成部分。随着经济发展和人民生活水平的提高，人们的消费习惯和饮食结构也将发生一定的变化，消费形式日趋多元化。人们对稻谷和小麦的消费主要向精细化、专业化、品牌化方向发展，精米、精面的比重和档次日渐提高，各种高品质大米、专用面粉、营养强化面粉将引导人们口粮消费的趋势。由于今后蔬菜、水果和肉类的替代作用进一步增强，可以预见作为口粮消费最主要组成部分的稻谷、小麦的消费需求将呈下降趋势。

近年来，虽然玉米在口粮消费中的比重大幅度下降，但在中国粮食安全战略中占有重要地位，种植面积和总产量都仅次于水稻，居第二位。相关部门已经明确了中国发展燃料乙醇原材料以非粮为主的方向，但受中国居民动物性食品需求和工业需求快速增长的强力拉动，玉米消费需求量将会继续保持快速增长的势头。豆油作为生活的必需品，其国内消费量呈刚性增长趋势，统计数据显示，2009年度国内豆油消耗总量约为1010万吨。由于食用油压榨的需要以及畜牧业生产对豆粕等副产品强烈的需求，今后国内大豆需求将继续快速增长。

第五节 本章小结

本章对中国粮食消费总量的历史与现状进行了深入分析，并利用GM（1，1）新陈代谢模型对中长期中国粮食消费总量进行了预测，对

中国粮食消费总量的结构特征做了定性分析,研究的主要结论如下。

第一,从新中国成立至今,中国粮食消费经历了温饱不足、基本解决温饱问题、由温饱向总体小康过渡以及由总体小康向全面小康迈进四个阶段。随着城乡居民口粮消费的先增后减,饲料用粮逐步上升,工业用粮近年来飞速增加,粮食直接消费比重降低,间接消费比重增加,但粮食直接消费在粮食消费总量中仍占较大比重。

第二,目前,中国三大粮食品种消费总量中口粮消费的比重达到56.4%,用于饲料消费的比重达到27.4%,工业消费的比重达到14.5%,种子用粮消费的比重只有1.7%。主要口粮作物稻谷和小麦的口粮消费的比重分别高达86.0%和75.9%,而玉米用于饲料消费和工业消费的比重分别达到61.8%和27.9%,饲料消费和工业消费是玉米消费的主体,中国国内大豆消费量的近90%用于榨油。随着人们生活水平的提高,动物性食品和食用植物油消费量将快速增长。

第三,中长期内,中国人口继续增长,居民收入水平不断提高,工业化、城市化进程不断推进,粮食消费需求总量呈刚性增长趋势;食品消费结构升级,渐趋多元化,但仍以植物性食物为主、动物性食物为辅;口粮消费平稳趋降,饲料粮、工业用粮快速增长,种子用粮稳中趋减;稻谷、小麦消费需求呈下降趋势,玉米、大豆消费需求快速增长。

第六章 中国稻谷需求中长期趋势分析

2008年爆发的世界粮食危机，再度证实了粮食安全对于社会政治经济可持续发展无可替代的作用。面对粮食危机的暴风骤雨，中国镇定从容，国内粮食价格仅仅是温和性地上涨，并实现了粮食基本自给。近几年来，中国粮食供求总量基本平衡，随着结构问题对粮食供求平衡影响的日趋增强，中国的粮食问题已经由总量问题逐渐转变为结构问题。稻谷是中国最重要的粮食作物之一，往往也是引发中国粮食供求失衡的先导性和敏感性品种（马晓河等，2008）。同时中国稻谷消费的"大国效应"势必会对世界稻谷以及粮食供求产生持久而深远的影响，作为世界上最大的稻谷生产国和消费国，稻谷消费需求的变化趋势与中国的粮食安全问题密切相关。当前中国正处在经济增长模式转型和经济结构调整加快推进的过程中，稻谷消费的影响因素不断发生变化，新趋势和新的因素不断形成，如果忽视这些问题，就很难科学把握中长期中国稻谷消费需求的变化趋势。本研究分析了现阶段中国稻谷的消费特点，并对转型期稻谷消费的影响因素及其变化趋势进行了深入分析，在此基础上构建了稻谷消费需求模型，对中长期中国稻谷消费趋势进行了判断。

第一节 中国稻谷消费的结构和格局

稻谷，俗称水稻，原产于中国，在中国已有7000多年的种植历史。根据稻谷的生态特征可分为籼稻和粳稻，根据稻作期的不同，稻谷又分为早稻、中稻和晚稻三类。中国稻谷的生产和消费在世界上占有重要地位，2009年中国生产稻谷1.37亿吨，占世界稻谷产量的31.1%；稻谷消费量1.27亿吨，占世界稻谷消费量的29.2%[①]。在中国，稻谷产量和消费量均居所有粮食品种首位，占全国粮食总产量和总消费量的35%左右。以下从几方面对中国稻谷消费特征进行分析。

一 中国稻谷消费的年度变化

中国稻谷消费总量以及稻谷口粮消费历年波动幅度较小，稻谷消费总量基本在1.8亿吨左右，而稻谷口粮消费量一直稳定在1.6亿吨上下，自20世纪末稻谷口粮消费量开始小幅下降，近年来呈缓慢增长势头。在稻谷消费构成中，波动幅度最大的是饲料粮，其消费量由1994/1995年度[②]的1103万吨增加到2003/2004年度的近2000万吨，后又有所下降。稻谷工业消费主要用于酿酒、制造调味品，消费量一直在800万吨上下波动，在2006/2007年度快速增长到1000万吨后，近两年略有下降。从20世纪90年代初期至今，稻谷种用量从最初的300余万吨缓慢下降到近100万吨，这源自水稻种植面积的不断下降、作物栽培技术的不断进步，以及良种普及率的日趋提高。

稻谷饲用量的大幅波动同中国的粮食政策变化密切相关。饲用稻谷主要是口感较差的早籼稻，在中国南方一些水稻产区，农户经常用劣质稻米饲养牲畜，特别是早籼稻（田维明等，2007）。20世纪90年代初期，农民可以将早籼稻交公粮，而消费者更倾向于购买优质大米，致使

[①] 2009年中国稻谷生产和消费数据按《2010中国粮食发展报告》中稻谷生产和消费量的70%计算，世界稻谷生产和消费数据来自美国农业部PSD数据库。

[②] 市场年度，指的是从上一年的10月到下一年的9月期间。

政府收购的早籼稻大量积压,最后不得不将这些陈化稻谷低价卖作饲料粮,从90年代后期,稻谷饲用量就开始快速上升;中国政府从2000年开始放弃对早籼稻的收购,这也导致了在21世纪初期稻米饲用量的继续增长;最近几年,虽然早籼稻供给充足,但由于国家托市政策的出台,大幅度提升稻谷最低价格,早籼稻价格远高于主要饲料作物玉米的价格,稻谷饲料消费量开始逐渐回落(见图6-1)。

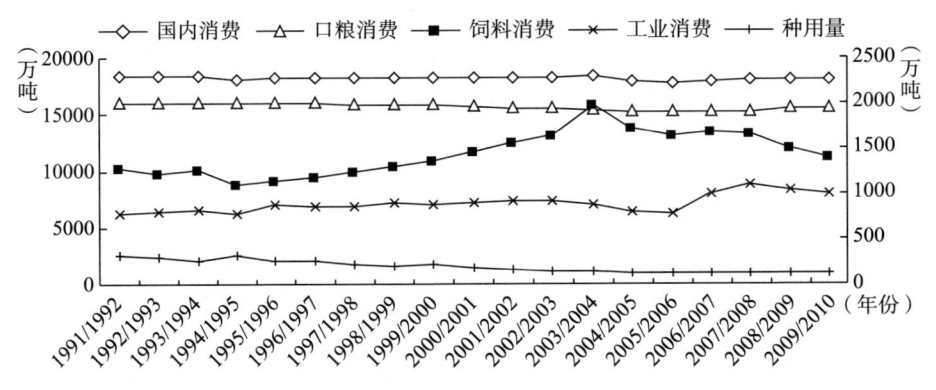

图6-1 中国稻谷消费的年度变化(1991~2010)

说明:因稻谷消费总量、口粮消费量与其他各项消费量相差较大,为便于分析,将稻谷消费总量和食用消费量对应于左轴,其他各项消费量对应于右轴。

资料来源:国务院发展研究中心粮食政策课题组。

二 中国稻谷消费的用途结构

中国稻谷用于口粮消费的比例一直保持在80%以上,最近几年,稻谷人均直接食用量下降趋势放缓,有的年份还略有上升,由于每年还要净增几百万人口,总的食用消费呈缓慢增长势头。国家粮油信息中心的统计数据显示,2009/2010年度中国稻谷食用消费量基本稳定,约为15600万吨,比上年增加150万吨,占稻谷消费总量的86.1%,饲用消费量、工业消费量同比略有下降,饲用消费量不到8%,工业消费量比例约为5.5%,稻谷种用量只有119万吨,仅占稻谷消费总量的0.7%,年度稻谷总消费量约为18119万吨,比上年略有上升(见图6-2)。

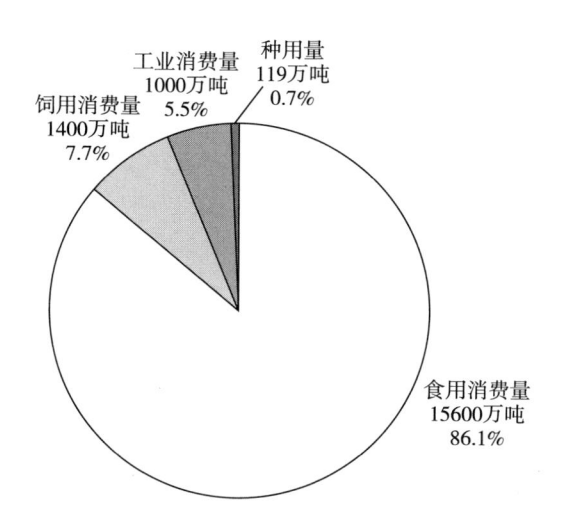

图 6-2 中国稻谷消费用途结构（2009/2010）

资料来源：聂振邦主编《2010 中国粮食发展报告》，经济管理出版社，2010。

三 中国稻谷口粮消费的区域差异

（一）城乡差异

我国国民经济发展的城乡二元结构特征，决定了粮食消费的二元结构。在同一时期，城镇居民往往拥有远远高于农村居民的收入，临近供应丰富、品种繁多的食品销售市场，动物性食品和副食消费量远远高于农村居民，口粮消费量则要低于农村居民。近年来，中国城乡居民人均口粮消费量以及口粮消费总量下降趋势明显，但粮食消费仍以口粮消费为主，口粮消费量占粮食消费量的比重一直在 50% 以上，稻谷口粮消费量在口粮消费中占有极其重要的地位，占口粮总消费量的比重超过 60%。目前，中国城镇居民每年大米食用消费量基本稳定在 50 千克/人，而农村居民大米食用消费量则持续下降，城乡居民人均大米食用消费量的差距有所缩小，但农村居民人均大米食用消费量一直高于城镇居民人均大米食用消费量 20 千克以上。

（二）地区差异

中国南、北方居民食品消费结构之间存在很大的差异，传统上形成了南方地区以稻谷为主，北方地区以面食为主，东北、西北及山区主食粗细搭配多样性强的地域消费格局。但是由于经济社会的发展，这种情况发生了一些变化，同时不同省份的稻谷口粮消费水平也有很大的不同，我们引入稻谷食用消费比率[①]对 2009 年不同省份的稻谷口粮消费水平进行衡量（见图 6-3）。

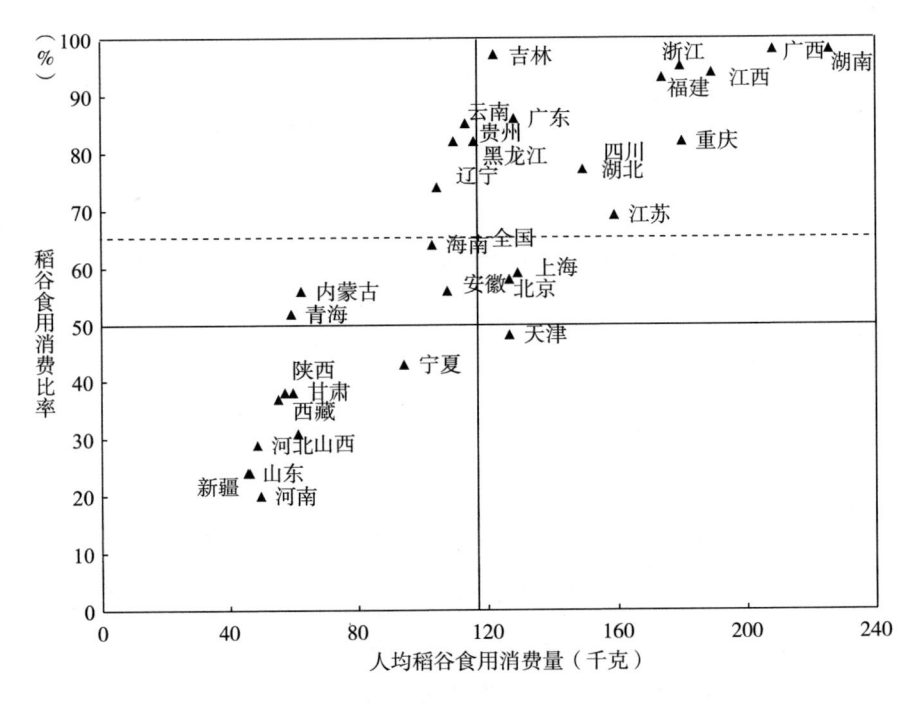

图 6-3 中国各省区市人均稻谷食用消费量以及消费比率分布（2009）

说明：2009 年全国人均稻谷食用消费量为 116.88 千克，稻谷食用消费比率为 65%。

资料来源：根据国务院发展研究中心粮食政策课题组提供的稻谷食用消费量、小麦食用消费量以及中国各省区市人口数据推算，人口数据来自《中国人口和就业统计年鉴 2009》。

---

① 稻谷食用消费比率 = 各地区人均稻谷食用消费量/（各地区人均稻谷食用消费量 + 各地区人均小麦食用消费量）。

稻谷食用消费比率低于50%的地区由低到高依次为河南、新疆、山东、河北、山西、西藏、甘肃、陕西、宁夏和天津，这些省份主要分布在中国北方以及中西部地区，稻谷食用消费量均低于全国平均水平。尤其是河南、山东、河北等是中国重要小麦主产区，形成了以面条、馒头和饺子为主食的面食文化圈，稻谷食用水平很低。

稻谷食用消费比率为50%~65%（全国平均水平）的主要省份有内蒙古、青海、海南、安徽、北京和上海。其中内蒙古自治区和青海省稻谷食用消费绝对量较低，但是稻谷消费比率却高于50%，说明他们对大米和小麦的总消费量较低，对其他食品的消费却占较大比重，而海南、安徽、北京、上海四地区，稻谷食用消费量接近全国平均消费量。

稻谷食用消费比率高于65%的省份由低到高依次为江苏、辽宁、四川、湖北、云南、黑龙江、重庆、贵州、广东、福建、江西、浙江、吉林、湖南和广西，其中稻谷食用消费量最大的是湖南，其次是广西。位于中国北方的黑龙江、辽宁和吉林，虽然稻谷食用消费量仅仅接近全国平均消费量，但消费比率却高于全国平均水平，其中吉林省稻谷食用消费比率高达97%。

四 稻谷消费的品种特征

中国的稻谷品种主要分为粳稻和籼稻，粳稻在进化过程中形成了较耐寒、耐弱光、不耐高温的特性，适宜在高纬度或低纬度的高海拔地区生长，主要分布于中国东北和长江三角洲地区，种植省份主要有黑龙江、江苏、吉林、辽宁、云南、浙江、安徽和河南，其中2008年黑龙江和江苏的粳稻种植面积占八省总面积的60%以上；而籼稻生产主要分布在长江以南的湖南、江西、四川、广东、广西、湖北、福建、安徽八省。图6-4和图6-5显示，各省粳稻和籼稻生产占稻谷总产量的比例与消费量占稻谷总消费量的比例非常接近，说明目前中国居民粳米与籼米消费区域与生产区域总体上仍然基本吻合。这种状况的存在，一方面取决于长期形成的生活习惯，另一方面则主要是由各地区生产结构差异造成的，尤其是农民，基本是生产什么消费什么，另外也在很大程度上回避了运输和交易成本。

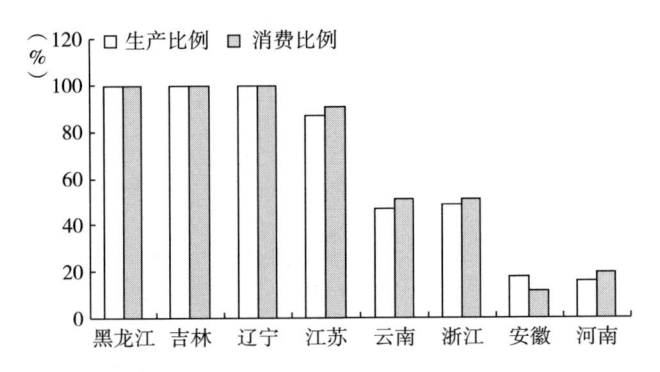

图 6-4 主要粳稻生产省份粳稻生产与消费比例

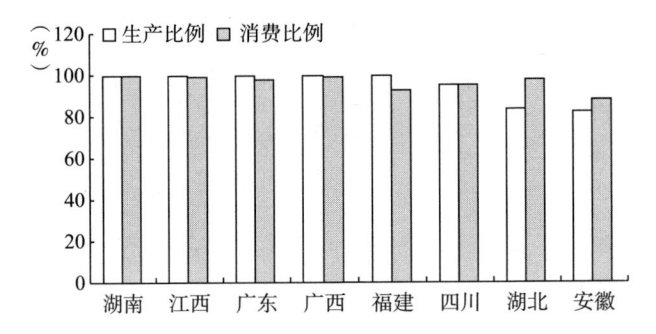

图 6-5 主要籼稻生产省份籼稻生产与消费比例

说明：图中的生产、消费比例指的是各省粳稻和籼稻生产与消费分别占本省稻谷消费与生产量的比例。

资料来源：国务院发展研究中心粮食政策课题组。

从20世纪90年代初期开始，一直作为中国南方居民主要口粮的籼米在大米消费中的比例持续下降，由1991年的85.5%（朱希刚等，2004），下降到2007年的71.9%[①]，相应地，粳米消费比例逐年增加。传统上南方地区主要消费籼米，北方地区主要消费粳米，现在高质量粳米越来越受到南方消费者的喜爱，并且消费群体不断壮大，消费数量不断增加。随着中国人口流动规模的不断扩大、物流设施的逐步完善以及饮食文化传播的加快，居民大米消费习惯也在悄然发生改变，再加上历史上种植

---

① 数据来源：国务院发展研究中心粮食政策课题组。

籼稻为主的浙江、上海等南方地区"北粳南引"的进程不断加快，中国稻谷消费"南籼北粳"的格局被打破。近两年稻谷口粮消费中一个明显变化是，对粳稻的需求量上升较快，特别是粳米在南方的消费比例越来越大，需求增加，消费区域在中南、华南等南方大部分城市迅速扩大。

第二节 稻谷需求模型

中国稻谷消费需求的主要影响因素如何影响消费需求？稻谷作为中国最重要的粮食品种之一，在中国人民生活达到全面小康水平时（2020年），人口达到峰值、基本实现工业化时（2030年）以及经济社会发展达到中等发达国家水平时（2050年）稻谷消费需求将呈现何种趋势？这些都是长期以来国内外学者倍加关注的问题。本研究拟构建计量模型，对以上问题进行分析。

一 模型结构与方程形式

鉴于对数线性函数模型比较简洁，同时具有较合理的经济解释，参数也具有明显的经济意义，本研究采用双边对数模型（Shoichi Ito, 1989）对中国居民人均稻谷口粮需求等进行分析，模型的具体形式如下。

（1）农村人均稻谷口粮需求方程：

$$\ln d^R = \alpha^R + \lambda^R \ln I^R + \beta^R \ln p^{RR} + r^R \ln p^{RW} + \omega^R M^R + \mu^R \qquad (6-1)$$

其中，d^R 为农村人均稻谷口粮消费量，I^R 为农村居民的人均纯收入，p^{RR} 为农户稻谷销售价格，p^{RW} 为农户小麦销售价格，M^R 为农村居民稻谷消费偏好，α^R 为农村人均稻谷口粮消费函数的截距，μ^R 为服从正态分布的随机误差项，λ^R、β^R、r^R、W^R 为待定参数。

（2）城镇人均大米口粮需求方程：

$$\ln d^U = \alpha^U + \lambda^U \ln I^U + \beta^U \ln p^{UR} + r^U \ln p^{UW} + \omega^U M^U + \mu^U \qquad (6-2)$$

其中，d^U 为城镇人均大米口粮消费量，I^U 为城镇居民可支配收入，

p^{UR} 为城镇大米销售价格，p^{UW} 为城镇面粉销售价格，M^U 为城镇居民大米消费偏好，α^U 为城镇人均大米口粮消费函数的截距，μ^U 为服从正态分布的随机误差项，λ^U、β^U、r^U、W^U 为待定参数。

（3）流动人口人均大米需求消费：

$$d^F = (d^R * \theta + d^U)/2 \qquad (6-3)$$

流动人口的人均大米口粮消费我们以城市人均大米口粮消费量和农村人均稻谷口粮消费量的均值来计算，其中 d^F 表示流动人口的人均稻谷口粮消费量，d^R 和 d^U 为农村人均稻谷口粮消费量和城市人均大米口粮消费量，θ 为稻谷、大米间转化比率。

（4）稻谷口粮需求总量：

$$D^{Food} = P^R d^R + P^U d^U/\theta + P^F d^F/\theta \qquad (6-4)$$

其中 D^{Food} 为稻谷口粮需求总量，P^R、P^U、P^F 分别为农村人口数量、城市人口数量以及流动人口数量，d^R 为农村人均大米口粮消费量，d^U 为城镇人均大米口粮消费量，d^F 为流动人口人均大米口粮消费量，θ 为稻谷、大米间转化比率。

（5）稻谷饲料需求方程：

$$\ln D^{Feed} = \alpha^{Feed} + \beta^{Feed} \ln p^{RR} + r^{Feed} \ln p^{RC} + \mu^{Feed} \qquad (6-5)$$

其中 D^{Feed} 为稻谷饲料消费量，p^{RR} 为农户稻谷销售价格，p^{RC} 为农户玉米销售价格，α^{Feed} 为稻谷饲料消费方程的截距，β^{Feed}、r^{Feed} 为待定参数，μ^{Feed} 为服从正态分布的随机误差项。

（6）稻谷工业需求方程：

$$\ln D^{Ind} = \alpha^{Ind} + \beta^{Ind} \ln p^{RR} + r^{Ind} \ln RGDP + \mu^{Ind} \qquad (6-6)$$

其中 D^{Ind} 为稻谷工业消费量，p^{RR} 为稻谷农户销售价格，$RGDP$ 为人均 GDP，α^{Ind} 为大米工业消费函数的截距，β^{Ind}、r^{Ind} 为待定参数，μ^{Ind} 为服从正态分布的随机误差项。

（7）稻谷种子需求方程：

$$D^{Seed} = \alpha^{Seed} + \beta^{Seed} t + \mu^{Seed} \qquad (6-7)$$

其中 t 为年份，取 1995 年 $t=1$，β^{Seed} 为待定参数，D^{Seed} 为大米种子消费函数的截距，μ^{Seed} 为服从正态分布的随机误差项。

（8）稻谷需求总量方程：

$$D = D^{Food} + D^{Feed} + D^{Ind} + D^{Seed} \qquad (6-8)$$

其中 D 为稻谷消费总量，D^{Food} 为稻谷口粮消费总量，D^{Feed} 为稻谷饲料消费量，D^{Ind} 为稻谷工业消费量，D^{Seed} 为稻谷种用消费量。

二 研究数据

城镇居民人均大米消费量来自历年《中国物价及城镇居民家庭收支调查年鉴》《中国价格及城镇居民收支调查》《中国城市年鉴》，农村居民人均稻谷消费量来自《中国农村住户调查年鉴2009》，并且根据对城乡居民在外用餐稻谷消费量的估计，对城市居民人均大米消费量以及农村居民人均稻谷消费量进行了调整；城镇居民大米、面粉零售价格，农村居民稻谷、早籼稻销售价格，小麦、玉米价格来自《中国农业发展报告2009》，均为农业部 160 个物价信息网点县的平均价；城镇居民人均可支配收入和农村居民纯收入来自历年《中国统计年鉴》，中国历年人均 GDP 来自《中国卫生统计年鉴2010》，以当年价格计算，历年中国稻谷饲料消费量和历年种子用粮消费量来自联合国粮农组织数据库，历年稻谷工业消费量和稻谷消费比率则根据国务院发展研究中心粮食政策课题组提供的数据计算。所有数据的基期为 1995 年。

三 方案设计

稻谷需求模型的方案设定如下。

第一，模型中作为外生变量的人口数据主要参考联合国经济和社会事务部人口司及国家人口计生委流动人口服务管理司发布的相关数据。其中基准方案（S0）中的人口增长速度、人口总量结构、流动人口数量以上述机构数据为准，低位方案（S1）中各阶段的人口增长率均以

S0 中的人口增长速度降低 0.1 个百分点计算，高位方案（S2）中各阶段的人口增长率均以 S0 中人口增长速度提高 0.1 个百分点计算。

第二，S0 中假定人均 GDP 年增长率为 8%，S1 中人均 GDP 年增长率设定为 6%，S2 中设定人均 GDP 年增长率为 10%。

第三，S0 中城镇居民人均可支配收入增长率和农村居民纯收入增长率按 8% 计算，S1 和 S2 中城镇居民人均可支配收入增长率和农村居民纯收入增长率分别设定为 6% 和 10%。

第四，S0 中设定中国农产品价格年增长 4%，S1 和 S2 中农产品价格增长分别设定为 6% 和 3%。

第五，稻谷、大米间转化比率设定为 70%。

四 模拟结果

表 6-1 是对上述模型和数据进行估计得到的结果，从中可以看出，对农民人均稻谷口粮需求来说，需求价格弹性为 -0.277，即稻谷价格上升 1%，农民人均稻谷口粮需求量将减少 0.277%；需求收入弹性为 -0.208，即农民收入每增长 1%，人均稻谷口粮需求量将减少 0.208%。农民人均稻谷口粮需求量减少的速度远低于稻谷价格上升和农民收入增长的速度，说明稻谷作为农民日常生活中非常重要的生活必需品，其消费需求受稻谷价格变化和农民收入增长的影响较小。在同主要口粮品种小麦的交叉价格弹性方面，稻谷与小麦的交叉弹性为正值，表明稻谷口粮需求与小麦口粮需求有替代关系，当其他条件不变时，如果小麦价格上升 1%，则农民的人均稻谷口粮需求量会提高 0.249%。

对于城镇居民大米口粮需求来说，需求价格弹性为 -0.084，即大米价格上升 1%，城镇居民人均大米需求量仅仅减少 0.084%；需求收入弹性为 -0.349，即城镇居民收入每增长 1%，人均大米口粮需求量减少 0.349%。城镇居民人均大米口粮需求的价格弹性低于农村居民，说明价格变化对城镇居民大米口粮需求的影响要小于农村居民；而城镇居民人均大米口粮需求的收入弹性高于农村居民，说明相对于农村居民，城镇居民收入提高后食物消费多样化程度较高。在同面粉的交叉弹性方面，交叉弹性为正值，如果面粉价格上升1%，则大米的需求量将会提高0.261%。农村居民和城镇居民稻谷口粮需求的比率弹性均为正值，说明人均大米口粮需求与稻谷消费比率同向变化，居民膳食结构变化会对稻谷口粮需求产生很大影响。

表6-1 稻谷需求模型估计主要结论

1	农村人均大米口粮需求模型系数	固定变量 4.859	收入 -0.208***	稻谷价格 -0.277***	小麦价格 0.249***	稻谷消费比率 2.566**	调整后复相关系数 0.963
2	城镇人均大米口粮需求模型系数	固定变量 5.820	收入 -0.349***	大米价格 -0.084	面粉价格 0.261***	稻谷消费比率 1.352***	调整后复相关系数 0.975
3	稻谷饲料需求模型系数	固定变量 9.999	稻谷价格 -1.411***	玉米价格 0.959*	—	—	调整后复相关系数 0.527
4	稻谷工业需求模型系数	固定变量 1.851	早稻价格 -0.698***	人均GDP 0.617***	—	—	调整后复相关系数 0.956
5	稻谷种子需求模型系数	固定变量 118.500	年份 -1.051***	—	—	—	调整后复相关系数 0.532

注：符号***、**、*分别表示系数值在t统计1%、5%、10%水平上有效。

研究结果表明，饲用稻谷需求的价格弹性为-1.411，替代弹性为0.959，即其他条件保持不变时，稻谷价格每上升1%，饲用稻谷的需求量将减少1.411%，而玉米价格每上涨1%，饲用稻谷的需求量将增加0.959%；稻谷工业需求的价格弹性为-0.698，即在其他条件保持不变时，稻谷价格每上升1%，稻谷工业需求量将减少0.698%；稻谷种子需求量则以每年1.051万吨递减。

五　中长期稻谷需求预测

表6-2是根据计量模型分析结果和S0、S1、S2三种模拟方案对中国2020年、2030年以及2050年稻谷需求量进行估算的结果。

表6-2 2020年、2030年以及2050年中国稻谷需求量

方案	年份	稻谷需求总量（万吨）	按用途分各项数量（万吨）				按用途分各项比例（%）			
			口粮	饲料用粮	工业用粮	种子用粮	口粮	饲料用粮	工业用粮	种子用粮
S0	2020	16001.4	14459.8	987.8	446.9	106.9	90.37	6.17	2.79	0.67
	2030	14322.7	12615.5	796.4	814.4	96.4	88.08	5.56	5.69	0.67
	2050	11401.0	9750.7	271.2	1303.8	75.3	85.52	2.38	11.44	0.66
S1	2020	14833.8	13325.1	979.8	422	106.9	89.83	6.61	2.84	0.72
	2030	13102.2	11423.8	790.0	792	96.4	87.19	6.03	6.04	0.74
	2050	10086.2	8520.8	269.1	1221	75.3	84.48	2.67	12.11	0.74
S2	2020	16658.4	15088.3	996.0	467.2	106.9	90.57	5.98	2.80	0.65
	2030	15052.1	13312.7	803.0	840	96.4	88.44	5.33	5.58	0.65
	2050	12447.6	10465.8	273.5	1633	75.3	84.08	2.20	13.12	0.60

第三节 稻谷需求中长期趋势分析

根据中国稻谷消费的现状和特点，结合三种方案模拟的结果，对中国稻谷需求中长期趋势做出如下判断。

第一，稻谷需求总量将持续下降，但速度趋缓。从设定的三种模拟方案来看，在中长期内，中国稻谷需求总量将持续下降。根据基准方案模拟结果，中国稻谷消费将从目前的1.8亿吨左右持续下降到2020年的近1.6亿吨，2030年的1.4亿吨和2050年的1.1亿吨。稻谷需求总量虽然呈现下降趋势，但稻谷依然是中国粮食口粮消费的主要来源，中长期内稻谷口粮需求在稻谷需求总量中的比重依然保持在80%以上，稻谷依然是中国大多数人的重要口粮。随着玉米、大豆等粮食品种消费量的增加，稻谷在粮食总量中的消费比重将不断下降，但作为重要的口粮作物，稻谷仍将在中国粮食安全中占据重要地位。

第二，中长期内，稻谷需求结构性变化显现，但难以发生根本性改变。从稻谷消费结构来看，稻谷口粮消费占稻谷消费总量的比重将缓慢下降，但中长期内仍会保持在一个较高水平，稻谷饲用量的数量和比重

也会逐渐下降，而随着工业化进程的加快和农产品加工业的发展，中长期内稻谷工业用粮的数量和比重将逐渐上升。根据基准方案的预测，21世纪中期，稻谷工业消费量将是目前消费量的13倍，增长速度很快，随着需求量总量的减少和农业生产结构调整，稻谷种子用粮将平稳趋降。中长期内，稻谷需求结构有所变化，但是稻谷需求结构中口粮需求占绝对大比重，稻谷饲料需求、工业需求和种子需求比重较小的局面不会发生改变。

第三，城乡居民稻谷需求将实现从数量到品质的转变。随着经济社会的发展和人民生活水平的提高，城乡居民对稻谷的消费需求正在从满足数量为主的温饱型向重视质量为主的营养型转变。目前，市场上东北粳米和优质籼米需求快速增加，而南方的早籼米由于口感较差滞销积压情况严重，阶段性、结构性过剩矛盾突出。从中长期来看，优质、安全、营养将成为城乡居民稻米消费的主流，稻谷种植结构和品种结构的优化将使得城乡居民的稻米消费实现从数量到品质的转变。

第四，稻谷工业需求快速增加，稻谷资源有望得到较大程度的综合利用。中长期内，大米加工业将呈现规模化和集约化发展趋势，一批产品科技含量高、竞争能力强的稻谷加工龙头企业将不断涌现。优质米、营养强化米和专用米等各种工业化米制品的生产是稻谷加工的必然趋势，重视发展工业用稻，对于直链淀粉含量较高、口感较差的早籼米，将充分发挥其在米粉、糖浆、酿酒、速煮米、方便米饭、冷冻米饭等方面的加工优势，对稻谷加工所产生的副产品，如碎米、米糠、米胚、稻壳、稻草等将进行加工提炼，制成新的产品，实现物尽其用，使稻谷资源得到有效的利用和极大的增值。

第四节　本章小结

中国城乡居民65%的口粮消费来自稻谷，而目前粮食消费中口粮消费所占的比例依然在50%以上，稻谷是中国价格敏感性最强的粮食品种，也是国家粮食安全的重中之重。本章首先对中国稻谷的结构和格局进行了深入分析，其中包括稻谷消费的年度波动，稻谷消费结构，稻谷消费的城乡差异、地区差异以及稻谷消费的品种特征；然后构建了稻谷需求结构化模型，采用三种方案对中国中长期稻谷需求情况进行了模拟。研究的主要结论如下。

第一，近年来中国稻谷消费总量和口粮消费总量基本稳定，稻谷饲用量的波动幅度极大，而稻谷工业消费呈上升趋势，稻谷种用量持续下降。目前，稻谷用于口粮消费的比例依然在85%以上，稻谷的消费呈现明显的城乡差异和地区差异：农村居民人均大米年消费量远高于城市居民，中国南方和东北地区稻谷口粮消费水平高于其他地区，粳米和籼米的消费受稻谷产地的影响较大，粳米消费区域在不断扩大。

第二，通过对稻谷需求模型中参数的估计，发现随着收入的增加，城镇居民和农村居民的稻谷口粮需求均会减少，稻谷价格、大米价格的增加也会引起稻谷（大米）口粮需求的减少，但是相对于农村居民，城镇居民大米需求受大米价格变化影响较小。当稻谷（大米）的替代品小麦（面粉）的价格上升时，稻谷（大米）口粮消费的需求量增加，影响稻谷饲料需求的主要因素是稻谷价格和玉米价格，其实主要还是稻谷和玉米的比价问题，稻谷工业需求量主要由其价格和人均GDP（反映了经济发展水平）决定。

第三，在中长期内，中国稻谷需求总量将缓慢下降，稻谷需求结构将会发生一定变化，稻谷口粮需求量和饲料需求量将会呈现数量和比重双减的趋势，稻谷工业需求量则反之，稻谷种用需求也将持续减少。优质、安全、营养将成为城乡居民稻米消费的主流，随着稻谷加工能力的提高，稻谷资源有望得到综合利用。

第七章　中国玉米需求中长期趋势分析

玉米是世界三大粮食作物之一，播种面积占世界粮食收获面积的1/5，产量占全球粮食总产量的1/4，在世界粮食作物中排第三位。玉米不仅是当今许多国家人们的口粮，还是主要的饲料来源、人类重要的工业原料和重要的可再生能源作物。美国、中国、巴西、墨西哥和阿根廷是世界五大玉米生产国，近几年来，由于这些国家种植面积扩大、玉米单产提高，2009年全球玉米产量达到了最高的7.85亿吨，但世界玉米供求形势不容乐观。全球经济的迅速发展、人们生活水平的提高和动物类食品消费的增加，必然导致以饲料为主要用途的玉米消费的增长；近年来，国际石油价格大幅上涨，全球市场以玉米为原料的燃料乙醇需求快速增加，一些国家更是将生物质能源开发利用纳入国家能源发展战略，玉米的能源化利用，已经给世界粮食供求平衡带来了深刻的影响。

玉米是中国第二大粮食作物，2009年中国玉米产量达到16397.4万吨，占粮食总产量的30.9%，消费量略低于产量，不同于主要用作口粮的稻谷和小麦消费，玉米饲料和工业消费占有较大比例。传统上，玉米是中国北方地区居民的重要口粮，随着经济社会的发展，现在玉米消费在口粮消费中占的比重很小，而在饲料粮中占主导地位，每年有大约65%的玉米被加工为饲料粮，玉米还可以广泛用于淀粉、酒精、淀粉糖等产品的加工，是一种重要的工业原料。随着中国经济的高速发展、人均动物性食品消费的不断增加，以及玉米综合加工技术的持续提高，今后中国玉米消费需求将呈刚性增长。

第一节 中国玉米消费需求的结构和格局

我们仍然将玉米消费需求划分为口粮消费、饲料消费、工业消费以及种子消费四个方面。随着中国经济的发展和人民生活水平的提高，玉米的消费结构也发生了一系列变化，那么最近一二十年来，玉米的各类消费呈现出什么样的特点，又是如何变化的？作为饲料粮消费的主体，饲用玉米在饲料粮中的地位如何？中国地域广大，不同地区的玉米消费是否存在差异？这些都是本节要具体研究的内容。

一 中国玉米消费的年度变化

如图7-1，从1992/1993年度开始，中国玉米口粮消费量在最初几年内持续下降，1997/1998年度达到最低点，之后不断上升，2007/2008年度达到最高的752.6万吨，经历了一个先降后升的过程。中国玉米口粮消费的形式主要是煮粥和制窝窝头。传统上，在北方地区，特别是玉米主产区，玉米在口粮消费中占的比例较大，但由于玉米蛋白质品质较差，加上食用方法单一、加工粗糙等因素，致使玉米口感较差，长期以来被用作粗粮。随着城乡居民收入的增长和生活水平的提高，口粮消费中，人均玉米口粮消费量下降，人均小麦口粮消费量上升。1999年以后，口感较好的甜玉米、糯玉米受到了人们的喜爱，城市居民逐渐认识到玉米丰富的营养，出于对健康饮食的日益偏好（陈永福，2004），城镇居民对玉米的消费量出现了恢复性的提高。

从1992/1993年度开始，玉米饲用消费量呈现波动上升趋势，从最初的6062万吨增加到9626万吨，增长了50%以上。玉米籽粒中含有较为丰富的蛋白质（8%~10%）和脂肪（4%~5%），营养价值较高，是喂养猪、鸡、鸭等家畜的上等饲料，玉米的茎、叶、穗轴也可以被加工成饲料，因此玉米被誉为"饲料之王"，是饲料工业中最主要的原

图 7-1 中国玉米消费的年度变化（1992~2009）

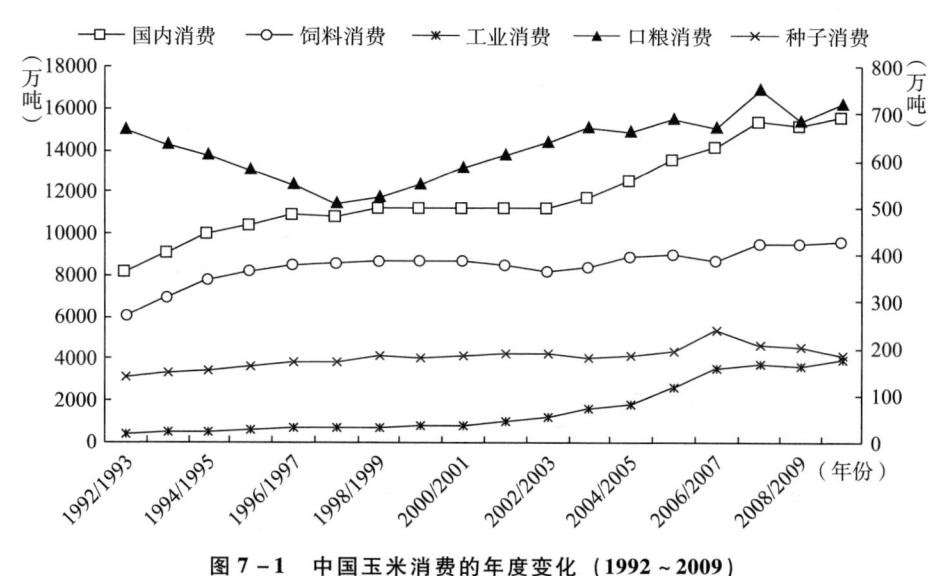

说明：因玉米消费总量、饲料消费量以及工业消费量与其他各项消费量相差较大，为便于分析，将它们对应于左轴，其他各项消费量对应于右轴。

资料来源：国务院发展研究中心粮食政策课题组。

料。随着中国城乡居民食物消费中肉禽蛋奶等动物性食品消费数量和比重的不断上升，玉米饲料消费量仍将保持高速增长。

在这一阶段，玉米工业消费量从 430 万吨增长到 3976 万吨，17 年间增长了近 10 倍。中国玉米主要用作饲料，但玉米深加工业的快速发展改变了玉米消费结构。玉米加工受国家政策环境的影响比较大，2002年国家鼓励加工燃料乙醇，中国各地纷纷建设燃料乙醇项目、发展生物燃料乙醇，加快了玉米等粮食的工业性消耗。2006 年、2007 年，国家相关政策的转变，使得玉米工业用粮增长的速度明显开始减缓，从 2006/2007 年度到 2009/2010 年度，玉米工业用粮仅仅增加了 400 余万吨，而之前的 2006/2007 年度玉米工业用粮则比上一年度增加了 900 万吨。

玉米种子用量主要由玉米播种面积和单位面积用种量决定。从 20世纪 90 年代初期开始，受玉米需求量刚性增长的影响，玉米播种面积基本上处于不断扩大态势，从 1993 年的 20694 千公顷扩大到 2008 年的 29864 千公顷（聂振邦，2009），增长了近 50%。虽然玉米单位面积用种量呈下降趋势，但玉米种子消费量是上升的，因为玉米播种面积的增长速度要快于玉米单位面积用种量的下降速度。国务院发展研究中心粮食政策课题组的数据显示，从 1992/1993 年度开始，中国玉米种子消费量从 148 万吨增加到最高的 2006/2007 年度的 237.7 万吨。

从 1992/1993 年度到 2009/2010 年度，玉米消费总量呈刚性增长，从最初的 8176 万吨增长到 15524 万吨，增长了近一倍。在四条玉米消费用途曲线中，玉米加工曲线的坡度最大，玉米加工增长量对玉米消费总量增长的贡献达 3546 万吨，而玉米饲用消费增长量对玉米消费总量增长的贡献达 3564 万吨，两者增长量占玉米消费总量的比重达 96.8%，也就是说近二十年来，玉米消费增长主要来源于饲用玉米和玉米加工业的快速发展。

二 中国玉米消费的结构变化

不同于口粮作物稻谷和小麦，中国的玉米主要用于饲料消费，但是近年来玉米加工消费的快速增长使玉米的消费结构发生了变化（见图 7-2）。在 1992/1993 年度，玉米饲料消费量为 6062 万吨，占玉米消费总量的 83.09%，而 2009/2010 年度虽然玉米饲料消费增长到 9626 万吨，但占玉米消费总量的比重则下降到 66.38%，玉米种子消费和口粮消费占玉米消费的比重也有不同程度的下降，玉米加工消费的比重则由 5.89% 猛增到 27.42%。目前，玉米加工消费在玉米消费中占有极其重要的位置，是玉米消费增长的主要拉动因素。

三 中国玉米消费的区域特征

中国各省（自治区、直辖市）都有玉米种植，但经过长期的调整，中国玉米的生产布局发生了明显变化，逐渐向优势区域集中，形成了一条从东北平原起，经黄淮海平原，西至西南地区的"中国玉米带"。附表 8、附表 9 和附表 10 显示了近七年来中国各省（自治区、直辖市）的玉米供给、需求和节余情况。内蒙古、辽宁、吉林、黑龙江是中国的

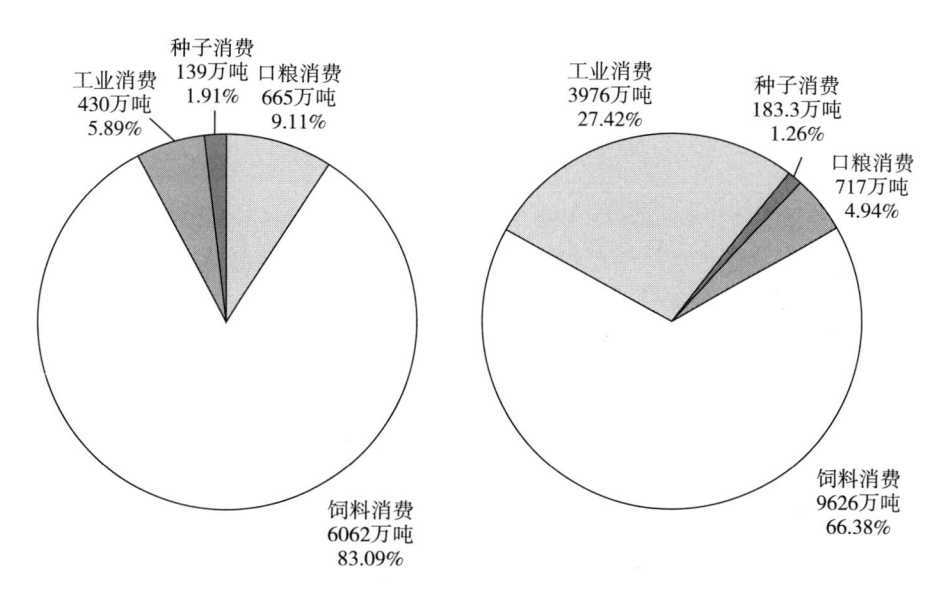

图 7-2 中国玉米消费用途结构（左图为 1992/1993 年度，右图为 2009/2010 年度）
资料来源：国务院发展研究中心粮食政策课题组。

北方春玉米区，2009/2010 年度，这四个省份的玉米供给能力均接近或者超过了 1000 万吨，总供给能力达到 6050.4 万吨，而需求量仅为 3306 万吨，玉米商品量大，商品率高，是中国玉米的主要输出地区；山东、河南、河北等省区是中国的黄淮海夏玉米区，2009/2010 年度，三省的玉米供给能力均超过了 1500 万吨，整个区域的玉米供给能力达到 6610.6 万吨，而需求量为 6128.2 万吨，供需基本平衡，这一区域畜牧业和玉米加工业发达，玉米就地转化加工能力强；以四川、贵州、云南等省份为代表的是中国西南山地玉米区，玉米供给能力为 1886.4 万吨，需求量为 1564.1 万吨，供需基本平衡，与前两个区域相比，供求量相对较小。2009/2010 年度，这三个地区的玉米总供给能力达到 14547.4 万吨，占全国玉米供给总量的 87.9%，年度玉米节余量为 3549.1 万吨。华东、华中、华南地区是中国玉米的主销区，2009/2010 年度需要调入玉米 2472.4 万吨。中国玉米的主产区与主销区比较集中，余缺地区距离较远，玉米也成为"北粮南运"的主要品种之一，当流通不畅时，往往出现北方玉米的积压和南方玉米的需求缺口并存的局面。

第二节 玉米在饲料工业中的作用和地位

随着城乡居民动物性食品消费水平的提高和畜牧业生产的发展，中国的饲料粮消费将呈刚性增长，成为中国粮食需求增长的主体。若以中国历年统计年鉴数据为准[①]，1984~2008年，中国城市居民人均猪牛羊肉、家禽和水产品的消费量分别增加19.1%、386.8%和201.7%，农村居民人均猪牛羊肉、家禽和水产品的消费量分别年均递增20.4%、177.8%和82.1%，2008年中国人均肉类占有量为54.8千克，仅分别及美国、欧盟肉类消费量的59.3%和81.4%，中国动物性食品消费的增长还有较大潜力。农业结构的调整将会促使养殖业加快发展，同时，中国畜牧业养殖方式处于小规模饲养向规模化饲养的转变阶段，在这一阶段，喂养单位牲畜要消耗更多的精饲料，从而进一步推动饲料粮需求的快速增长。

由于统计资料的限制，目前缺乏详细的饲料工业原料[②]构成情况。在中国，饲用玉米、稻谷糠麸、小麦麸皮、豆粕、鱼粉和用于饲料的部分稻谷和小麦是饲料工业的主要原料。图7-3和附表11中显示了近十年来，这些主要饲料原料在饲料生产中的数量和比重的变化情况。在这一阶段，玉米饲用量在所有的七种饲料原料中居于首位，虽然用于饲料生产的绝对数量不断增长，但占所有饲料原料的比重基本稳定，在44%上下小幅波动，稻谷糠麸和小麦麸皮使用量占所有饲料的比重为35%~40%。十年来，作为最优良的植物性蛋白来源之一，豆粕用于饲料生产的绝对数量和占饲料生产原料的比重双重增加，豆粕饲用量从

[①] 有不少学者认为中国畜产品和水产品产量统计中含有水分（钟甫宁，1997；Frank Fuller etc.，1999）。

[②] 当然，有一部分饲用玉米、稻谷和小麦是以传统方式直接喂养的，在这里不再细分。

1999/2000 年度的 1302 万吨增加到 2009/2010 年度的 3620 万吨，增长了近两倍，饲用豆粕在饲料工业原料总量中的比重从 6.71% 增加到 16.71%，增加了 10 个百分点。和豆粕正好相反，饲用稻谷在饲料产业原料中的比重不断下降，从最初的 10.53% 下降到 1.71%，从 2004/2005 年度开始，饲用稻谷在饲料工业原料中的比重一直处于低位，这可能与国家对稻谷实施最低收购价政策后，稻谷价格上涨，稻谷玉米比价发生相对变化有关。鱼粉和小麦在饲料工业中所占比重不大，其中鱼粉饲用量基本稳定，但小麦饲用量波动较大。总的来看，玉米是饲料工业最重要的原料，构成了能量饲料消费的主体[①]，它不仅直接用于饲料生产和消费，还是生产赖氨酸、维生素 C 等饲料添加剂的重要原料，玉米与畜牧业休戚相关，对保障中国动物性产品消费具有重要作用。

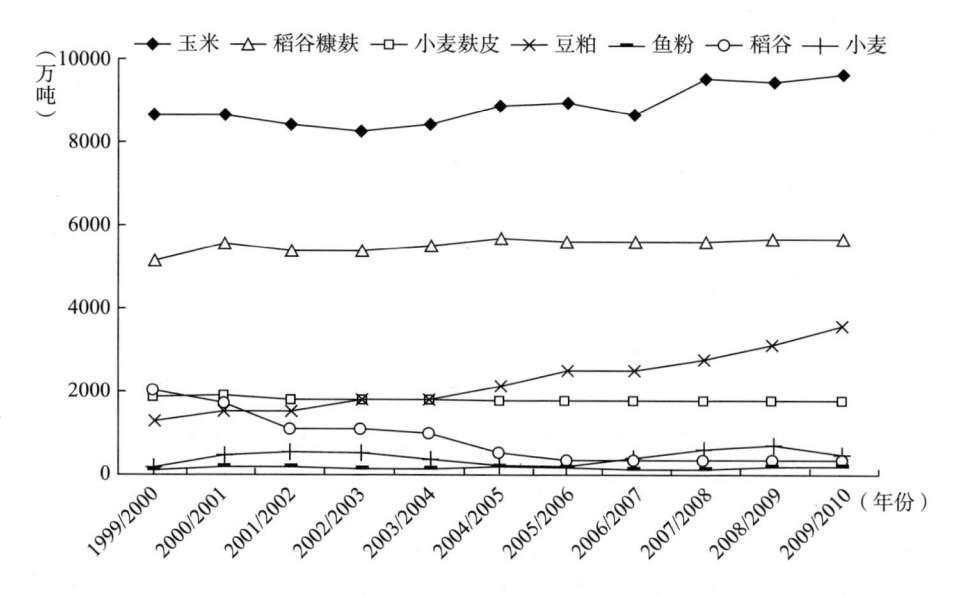

图 7-3 中国饲料工业主要原料的数量（1999~2010）
资料来源：根据国务院发展研究中心粮食政策课题组的相关数据整理得出。

---

① 配合饲料由能量原料和蛋白质原料组成，其中能量原料主要是谷物。

第三节　粮食供求紧平衡下的玉米加工

　　粮食消费需求的刚性增长以及粮食生产的资源约束决定了中国粮食供求将长期处于紧平衡状态，虽然最近几年粮食连年增产，但中长期粮食安全形势不容乐观。玉米不仅仅是"饲料之王"，也是一种重要的工业原料，玉米是产业链最长的粮食品种，以玉米为原料可以生产3500多种产品（王莉，2008）。中国玉米加工主要以淀粉、淀粉糖、酒精、柠檬酸、味精等产品为主，目前，国内玉米加工能力过剩。2002年国家为了消化陈化粮，解决粮食相对过剩的问题，同时缓解日益严峻的燃油供应矛盾，鼓励加工燃料乙醇，国家发改委确定了河南天冠集团、吉林燃料乙醇、黑龙江华润酒精、安徽丰原燃料酒精四个"十一五"期间全国燃料乙醇定点生产企业，并给予政策上的大力支持，在这样的形势下，中国各地纷纷建设燃料乙醇项目、发展生物燃料乙醇，加快了玉米等粮食的工业性消耗，影响到了国家粮食安全。2006年国家发改委发布《生物燃料乙醇以及车用乙醇汽油"十一五"发展专项规划》，明确提出"因地制宜，非粮为主"的原则。2007年，国家发改委发布《关于促进玉米深加工健康发展的指导意见》，指出"十一五"期间原则上不再核准新建玉米深加工项目，要求各地立即停止备案玉米深加工项目，而且对在建、拟建项目全面清理，对已备案尚未建的项目全面叫停。相关政策出台后，玉米工业用粮增长的速度明显开始减缓。

　　由于中国玉米深加工企业的加工技术和研发能力目前相对落后，中国燃料乙醇之外的玉米加工量相对较小，且增长趋势较缓，难以影响中国粮食供求大局。目前生产燃料乙醇的技术成熟，若大量利用玉米生产燃料乙醇，虽然可以缓解国内能源紧张的形势，但玉米现有的供求关系将会发生改变。若玉米与稻谷、小麦比价失衡，则玉米耕种面积将挤占稻谷、小麦播种面积，同时稻谷和小麦将会替代玉米成为饲料原料，引起主要口粮作物稻谷和小麦的供应量减少、消费量增加，进而威胁中国粮食安全。近年来，中国政府明确了生物能源发展非粮为主的方向，并且要求四家燃料乙醇生产企业未经批准不得扩大利用粮食生产燃料乙醇的规模。从某种意义上讲，利用玉米生产燃料乙醇有利于能源安全，但能源安全决不能损害粮食安全，这也是中国政府的一贯立场，因此，中长期内玉米燃料乙醇生产对玉米需求影响较小，也难以影响国家粮食安全大局。

第四节 玉米需求模型

一 模型结构与方程形式

对于玉米口粮需求方程，我们仍然采用双边对数模型，并在模型中加入了自价格、可替代商品价格变量，将玉米口粮需求区分为城市居民玉米口粮需求、农村居民玉米口粮需求和流动人口玉米口粮需求，模型的具体形式如下。

农村人均玉米口粮需求方程：

$$\ln d^R = \alpha^R + \lambda^R \ln I^R + \beta^R \ln p^{RC} + r^R \ln p^{RR} + \phi^R p^{RW} + \mu^R \qquad (7-1)$$

其中，d^R 为农村人均玉米口粮消费量，I^R 为农村居民的人均纯收入，p^{RC} 为农户玉米销售价格，p^{RW} 为农户小麦销售价格，p^{RR} 为农村稻谷销售价格，α^R 为农村人均玉米口粮消费函数的截距，μ^R 为服从正态分布的随机误差项，λ^R、β^R、r^R、ϕ^R 为待定参数。

城市人均玉米口粮需求方程：

$$\ln d^U = \alpha^U + \lambda^U \ln I^U + \beta^U \ln p^{UC} + r^U \ln p^{UW} + \phi^U \ln p^{UR} + \mu^U \qquad (7-2)$$

其中，d^U 为城市人均玉米消费量，I^U 为城市居民可支配收入，p^{UC} 为城市居民玉米销售价格，p^{UW} 为城市面粉销售价格，p^{UR} 为城市大米销售价格，α^U 为城市人均大米口粮消费函数的截距，μ^U 为服从正态分布的随机误差项，λ^U、β^U、r^U、ϕ^U 为待定参数。

流动人口人均玉米口粮需求方程：

$$d^F = (d^R + d^U)/2 \qquad (7-3)$$

流动人口的人均玉米口粮消费我们以城市人均玉米口粮消费量和农村人均玉米口粮消费量之和的一半来计算，其中 d^F 表示流动人口的人均玉米口粮消费，d^R 和 d^U 分别为农村人口人均玉米口粮消费量和城市人口人均玉米口粮消费量。

玉米口粮需求总量方程：

$$D^{Food} = P^R d^R + P^U d^U + P^F d^F \qquad (7-4)$$

其中，d^R 为农村人均玉米口粮消费量，d^U 为城市人均玉米口粮消费量，d^F 为流动人口人均玉米口粮消费量，P^R、P^U、P^F 分别为农村人口数量、城市人口数量以及流动人口数量。

玉米饲料需求方程：

$$\ln D^{Feed} = \alpha^{Feed} + \beta^{Feed} \ln p^{RC} + r^{Feed} \ln p^{RR} + \phi^{Feed} \ln p^{RW} + \omega^{Feed} \ln RL + \mu^{Feed} \quad (7-5)$$

玉米饲料消费方程中，我们加入了玉米价格、小麦价格、稻谷价格以及人均肉类消费量四个变量，其中，D^{Feed} 表示玉米饲用消费，p^{RC} 为农户玉米销售价格，p^{RW} 为农村小麦销售价格，p^{RR} 为农村稻谷销售价格，RL 为肉类消费量，α^{Feed} 为玉米饲料消费方程的截距项，μ^{Feed} 为服从正态分布的随机误差项，β^{Feed}、r^{Feed}、ω^{Feed}、ϕ^{Feed} 为待定参数。

玉米工业需求方程：

$$\ln D^{Ind} = \alpha^{Ind} + \beta^{Ind} \ln p^{RC} + r^{Ind} \ln RGDP + \phi^{Ind} DM(t-7) + \mu^{Ind} \qquad (7-6)$$

其中，D^{Ind} 表示玉米工业消费、p^{RC} 为农村玉米销售价格、$RGDP$ 为人均 GDP、DM 为虚拟变量，当国家对玉米燃料乙醇生产采取严格限制政策时，$DM=0$，否则 $DM=1$；t 为年份，取 1995 年 $t=1$；α^{Ind} 为玉米工业消费方程的截距项；μ^{Ind} 为服从正态分布的随机误差项；β^{Ind}、r^{Ind} 以

及 ϕ^{Ind} 为待定参数。

玉米种用需求方程：

$$D^{Seed} = \alpha^{Seed} + \beta^{Seed}t + \mu^{Seed} \qquad (7-7)$$

其中，D^{Seed} 为玉米种用消费量，t 为年份，α^{Seed} 为玉米种子消费函数的截距，μ^{Seed} 为服从正态分布的随机误差项，β^{Seed} 为待定参数。

玉米需求总量方程：

$$D = D^{Food} + D^{Feed} + D^{Ind} + D^{Seed} \qquad (7-8)$$

其中，D 为玉米消费总量，D^{Food} 为玉米口粮消费总量，D^{Feed} 为玉米饲料消费总量，D^{Ind} 为玉米工业消费量，D^{Seed} 为玉米种用量。

二 研究数据

城镇居民人均玉米口粮消费量和农村居民人均玉米口粮消费量数据根据国家统计局和国务院发展研究中心粮食政策课题组的相关数据推算得出。城镇居民面粉、大米零售价格，农村居民小麦、稻谷、玉米销售价格来自《中国农业发展报告2009》，为农业部160个物价信息网点县的平均价。城镇玉米价格通过参考稻谷价格和大米价格情况得出，城镇居民人均可支配收入和农村居民纯收入数据来自历年《中国统计年鉴》，中国历年人均GDP来自《中国卫生统计年鉴2010》，肉类生产总量则根据历年《中国统计年鉴》中的肉类生产数据计算。中国历年玉米饲料消费量、历年玉米工业消费量和历年玉米种子用粮消费量均来自国务院发展研究中心粮食政策课题组提供的相关数据。所有数据的基期均为1995年。

三 方案设计

玉米需求模型的方案设定如下。

第一，模型中作为外生变量的人口数据主要参考联合国经济和社会事务部人口司及国家人口计生委流动人口服务管理司发布的相关数据。

其中 S0 中的人口增长速度、人口总量结构、流动人口数量以上述机构数据为准，S1 中各阶段的人口增长率均以 S0 中人口增长速度降低 0.1 个百分点计算，S2 中各阶段的人口增长率则均以 S0 中人口增长速度提高 0.1 个百分点计算。

第二，S0 中假定人均 GDP 年增长率为 8%，S1 中人均 GDP 年增长率设定为 6%，S2 中设定人均 GDP 年增长率为 10%。

第三，S0 中城镇居民人均可支配收入增长率和农村居民纯收入增长率按 8% 计算，S1 和 S2 中城镇居民人均可支配收入增长率和农村居民纯收入增长率分别设定为 6% 和 10%。

第四，S0 中设定中国农产品价格年增长 4%，S1 和 S2 中农产品价格增长分别设定为 6% 和 3%。

第五，肉类生产总量年均增长率设定为 3%。

第六，所有方案中均假定燃料乙醇生产用玉米量与现在相同，保持不变。

四　模拟结果

根据设定的玉米需求模型和模拟方案，对待定参数进行了估计，如表 7-1 所示，对农村人均玉米口粮需求来说，需求价格弹性为 -0.075，当玉米价格上升 1% 时，人均玉米口粮需求量将减少 0.075%；农村居民玉米口粮需求受收入的影响较小，需求收入弹性为 -0.103，即农民收入每增长 1%，人均玉米口粮需求量将减少 0.103%，收入增加时，农民将减少玉米的口粮消费；从玉米价格与小麦价格的交叉弹性来看，小麦价格变化对农村居民玉米口粮消费行为的影响较显著，小麦价格每上涨 1%，农村居民玉米口粮需求将增加 0.224%，而稻谷价格变化对农民的玉米口粮消费行为的影响不显著，表明农村居民玉米口粮需求与小麦口粮需求之间存在替代关系，与稻谷口粮需求之间不存在替代关系。

表7-1 玉米需求模型估计主要结论

1	农村人均玉米口粮需求模型系数	固定变量 3.646	农村居民人均纯收入 −0.103**	玉米价格（农村）−0.075*	小麦价格 0.218**	稻谷价格 0.032	调整后复相关系数 0.714
2	城镇人均玉米口粮需求模型系数	固定变量 0.045	城市居民可支配收入 0.094**	玉米价格（城镇）−0.037*	面粉价格 0.076**	大米价格 0.063**	调整后复相关系数 0.671
3	玉米饲料需求模型系数	固定变量 16.726	玉米价格 −0.217**	小麦价格 0.085	稻谷价格 0.049	肉类生产总量 0.462**	调整后复相关系数 0.773
4	玉米工业需求模型系数	固定变量 15.380	玉米价格 −0.069	人均GDP 0.107**	DM 232.00	—	调整后复相关系数 0.538
5	玉米种子需求模型系数	固定变量 167.02	玉米价格 2.586**	—	—	—	调整后复相关系数 0.383

注：符号***、**、*分别表示系数值在 t 统计 1%、5%、10%水平上有效。

对于城镇居民人均玉米口粮需求来说，需求价格弹性为 −0.037，即玉米价格每上升1%，城镇居民人均玉米需求量仅仅减少0.037%，城镇居民玉米口粮需求受价格影响较小；不同于农村居民，城镇居民玉米口粮需求收入弹性为0.094，即城镇居民收入每增长1%，人均玉米口粮需求量增加0.094%；同面粉和大米的交叉弹性分别为0.076和0.063，面粉和大米价格的变化对城市居民玉米口粮需求影响较小。

玉米饲料需求主要受玉米价格和肉类生产总量的影响，玉米价格每升高1%，玉米饲料需求就会减少0.217%，作为饲料工业原料的主体，肉类生产总量每增长1%，用于饲料生产的玉米就会增加0.462%，小麦和稻谷价格的变化对玉米饲料需求的影响不显著。玉米加工业的主要影响因素为人均GDP，人均GDP反映了国家的综合经济实力和居民总体收入水平和生活水平，人均GDP每增加1%，玉米加工量（这里仅指燃料乙醇之外的工业用玉米，根据我们的方案，2007年后用于燃料乙醇生产的玉米量将保持不变）将增加0.107%。玉米种子需求则以每年2.586万吨的速度增加。

五 中长期玉米需求预测

表 7-2 是根据计量模型分析结果和 S0、S1、S2 三种模拟方案对中国 2020 年、2030 年以及 2050 年玉米消费需求进行估算的结果。

表 7-2 2020 年、2030 年以及 2050 年中国玉米需求量

单位：万吨，%

方案	年份	玉米需求总量	按用途分各项数量				按用途分各项比例			
			口粮	饲料粮	工业用粮	种子用粮	口粮	饲料粮	工业用粮	种子用粮
S0	2020	19971.6	970.6	11811.2	6958.1	231.7	4.86	59.14	34.84	1.16
	2030	24068.2	1148.1	13379.5	9283.1	257.5	4.77	55.59	38.57	1.07
	2050	31556.2	1404.3	15847.5	13995.2	309.3	4.45	50.22	44.35	0.98
S1	2020	19146.3	938.2	11545.2	6431.2	231.7	4.90	60.30	33.59	1.21
	2030	22790.3	1100.8	12935.8	8496.2	257.5	4.83	56.76	37.28	1.13
	2050	29452.4	1366.6	14967.7	12808.8	309.3	4.64	50.82	43.49	1.05
S2	2020	20684.8	997.0	12127.5	7328.6	231.7	4.82	58.63	35.43	1.12
	2030	25498.0	1201.0	13929.6	10110.0	257.5	4.71	54.63	39.65	1.01
	2050	32898.9	1450.8	16100.7	15038.1	309.3	4.41	48.94	45.71	0.94

第五节 玉米需求中长期趋势分析

对于中国玉米需求模型，我们设置 S0、S1 和 S2 三种方案进行模拟。下面我们主要结合 S0 方案的估计结果进行分析。

第一，玉米需求总量快速上升，增长幅度较大。在中长期内，国内的玉米需求增长幅度较大，从目前的 1.5 亿吨左右将快速增加到 2020 年、2030 年、2050 年的 19971.6 万吨、24068.2 万吨、31556.2 万吨。到 21 世纪中叶，玉米需求量将比目前消费量的两倍还多，玉米将成为中国需求量最大的粮食品种。玉米需求总量的快速增加，主要来源于用于饲用和加工的玉米绝对数量的上升。玉米口粮需求量和种子需求量在

玉米需求总量中占的比例较小，绝对数量也是增加的，但相对于饲料需求和工业需求而言，它们对玉米需求总量增长的拉动很小。

第二，玉米口粮需求绝对数量增加，但在玉米需求总量中的比重将呈缓慢减少趋势。在我们的S0方案中，玉米的口粮需求将延续目前的数量增加、比重减少的趋势。目前，随着收入的增加和生活水平的提高，玉米口粮消费相对较高的农村居民的需求量呈缓慢下降趋势；但在城市，由于甜玉米、糯玉米等新品种的出现，以及城市居民对于健康饮食、营养全面的日益偏好，城市居民对玉米的口粮需求量有所增加，且增加幅度略大于农村居民。总体上看，中国玉米口粮需求的绝对数量是增加的，但增加的速度不及玉米饲料需求和工业需求，因此口粮需求在玉米需求总量中的比重是下降的。

第三，玉米饲料需求和工业需求依然是玉米需求增长的主体。目前，中国玉米消费的增长主要表现为饲料消费和工业消费的增长，中长期内，饲料需求和工业需求在玉米消费中的比重依然在90%以上，它们依然是玉米需求增长的主体。目前，随着占中国人口大多数的农民收入的增加、生活质量的改善，以及城市居民膳食消费结构的进一步优化，中国动物性食品需求的增长还有较大空间。玉米是中国饲料原料最重要的组成部分，玉米饲料需求必将随着饲料消费的增长而增长。鉴于粮食供求紧平衡的长期趋势，中国对利用玉米生产燃料乙醇的政策限制不会放松，燃料乙醇生产难以从根本上影响玉米需求形势，但随着中国工业化进程的加快，燃料乙醇之外的工业玉米需求将稳步增长。根据S0方案的预测，中长期内中国玉米饲料需求量和工业需求量的绝对数量将不断增加，但玉米需求总量中饲料需求的比重将下降，工业需求的比重将上升。

第四，玉米需求日趋专用化、多样化。饲料需求和工业需求在玉米需求总量中将长期占据主体地位，随着玉米种植结构的调整和品种结构的优化，以饲料消费和工业加工为主的优质专用型玉米将改变玉米消费专用性差、品种区分度不高的局面。青贮玉米、优质高蛋白玉米以及高油玉米、高淀粉玉米在玉米需求中的比重将不断增加。随着人们生活水平和消费层次的提升，一些特色玉米品种，如彩色玉米、鲜食玉米、爆裂玉米将受到城乡居民的喜爱。

第六节　本章小结

本章在对中国玉米的消费现状和特点进行分析的基础上，构造玉米需求模型，利用相关宏微观经济数据，对玉米模型中的待定参数进行了估计，对中国未来几个重要时点玉米的消费总量、口粮消费量、饲料消费量、工业用粮消费量以及种子用粮消费量进行了预测。预计中国未来玉米的需求量将超过稻谷，成为中国的第一大粮食品种，主要结论如下。

第一，近年来，中国农村居民玉米口粮消费呈下降趋势，城镇居民玉米口粮消费绝对数量较小，但呈上升趋势；玉米饲料消费波动上升，但其在玉米消费中的比重下降；玉米工业用粮绝对数量和比重均呈上升趋势，其中非燃料乙醇工业用玉米缓慢上升，由于国家采取了较为严格的政策，燃料乙醇用玉米消费量基本保持不变。中国玉米主产区和主销区比较集中，但相距较远，玉米消费也呈现出突出的"北粮南运"局面。

第二，通过对玉米模型中参数的估计，发现影响中国农村居民玉米口粮需求的因素主要包括农村居民人均纯收入、小麦价格以及玉米价格；城镇居民的玉米需求随着收入的增加而增加，但收入对需求的影响较小，玉米价格、大米价格以及面粉价格均会对城镇居民的玉米需求产生影响，但影响不大；玉米饲料消费的主要决定因素为玉米的价格变化以及肉类生产总量的增长；非燃料乙醇玉米工业消费量由经济发展水平决定，考虑到中国的基本国情，燃料乙醇玉米消费政策将长期趋紧，我们认为燃料乙醇玉米工业使用量将长期保持在目前的水平；玉米种用量将持续增加。

第三，在中长期内，中国玉米口粮需求、饲料需求以及玉米种子需求都有不同程度的增长，但它们在玉米需求总量中的比重都将呈下降趋势，玉米工业需求的数量和比重将双重增加；中国玉米消费需求将呈专用化和多样化趋势。

第八章　中国小麦需求中长期趋势分析

　　经合组织（OECD）的农业数据库显示，2009年世界谷物总消费量222431万吨，其中小麦总消费量达到65155万吨，约占全球谷物消费量的30%，全球43个国家，约40%的人口以小麦为主要粮食品种，发展中国家小麦消费量占世界小麦总消费量的50%以上。以欧盟、美国为代表的许多国家和地区都以面包、馒头等为主食，而这些主食大都以小麦为原料。全球小麦消费的70%用作口粮，而在发展中国家用作口粮的小麦达到80%以上。20世纪60年代以来，世界小麦消费总量翻番，目前已经达到6亿多吨，其中约75%直接用于口粮，15%用于各种牲畜饲料，10%为种子用粮（廖永松，2009）。世界小麦产量居所有粮食作物的第二位，仅次于玉米，其供需均衡状况会对世界粮食安全形势产生重大影响。中国是世界上最大的小麦生产国和消费国，中国小麦供求情况不仅关系到中国的粮食安全和经济社会稳定，也关系到世界粮食市场的稳定，同稻谷、玉米、大豆等其他大宗粮食作物类似，小麦供需问题的研究也得到了学术界的广泛关注。

　　我们研究的小麦消费主要包括口粮消费、工业消费、饲料消费和种子消费。小麦作为中国的主要口粮品种之一，小麦口粮消费在中国口粮消费总量中所占的比重在35%左右。小麦的颖果磨制成面粉以后可制作面包、馒头、饼干、蛋糕、包子、面条等食物；小麦也是麦芽糖制造、酿酒及调味品等食品加工业的主要原料；在发达国家，约30%的小麦用于饲料消费，而中国小麦的饲料消费量一般占小麦总消费量的

10%左右；小麦种用量则相对稳定，波动幅度不大。

第一节　中国小麦消费的结构和格局

小麦起源于中东地区，经古伊朗传入中国，最先在中国山东胶东半岛种植。按播种季节分，小麦可以分为冬小麦和春小麦，蛋白质的含量和品质决定了小麦品质的优劣。一般来说，春小麦的蛋白质含量高于冬小麦，但春小麦的出粉率低于冬小麦；按照国际标准，小麦分为普通小麦和优质小麦，优质小麦分为优质强筋小麦和优质弱筋小麦，优质强筋小麦适用于制作面包、拉面和饺子等要求面粉筋力很强的食品，而弱筋小麦则适合于制作蛋糕和酥性饼干等食品。中国的小麦生产量和消费量基本保持在1亿吨左右，供需基本平衡。2009年度中国生产小麦11495万吨，占世界小麦生产量的17.1%；小麦消费量为10609万吨，占小麦世界消费量的16.3%。在中国，小麦产量和消费量均居所有粮食品种第三位，约占全国粮食总产量和总消费量的20%。下面从几方面对中国小麦消费特征进行分析。

一　中国小麦消费的年度变化

如图8-1所示，从1992/1993年度开始，中国小麦消费总量经历了先增加后减少的过程，但基本是在10000万吨左右消费量波动，近两年来消费总量略有增加；小麦制粉消费（即口粮消费）总量短暂上升之后，1997/1998年度达到最高的9500万吨，之后持续下降。小麦制粉消费主要受两个因素的影响：一个是人口数量，另一个就是人均面粉消费量。1997/1998年度之后制粉消费总量的持续下降说明，从1997/1998年开始人均面粉消费量减少的速度要快于人口数量增加的速度；小麦饲用消费量相对来说波动较大，小麦饲用消费量最少时为30万吨，而最多的时候为720万吨。每一年度小麦饲用量的多少主要由当年小麦发芽率和小麦、玉米比价来决定：小麦发芽后成为牙麦，不宜食用，往往转为饲用；当玉米价格升高时，小麦和玉米之间的比价关系使得小麦在饲用领域代替了玉米（聂振邦，2010）。

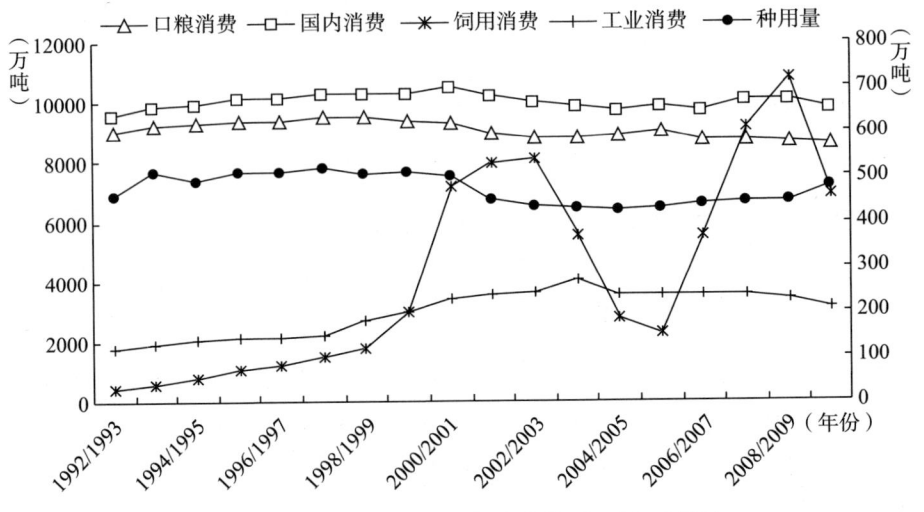

图 8-1 中国小麦消费的年度变化（1992~2009）

说明：因小麦消费总量、制粉消费量与其他各项消费量相差较大，为便于分析，将小麦消费总量和制粉消费量对应于左轴，其他各项消费量对应于右轴。

资料来源：国务院发展研究中心粮食政策课题组。

小麦工业消费量从 1992/1993 年度开始持续增长，最近两年略有下降；小麦种用量基本保持下降的趋势，但从 2005/2006 年度开始有所回升。小麦工业消费主要用于酿酒、调味品和麦芽糖的生产，随着经济发展和人们生活水平的提高，满足了基本生活需求后，人们对于食物的色香味有了更高的需求，对这些小麦加工制品的消费将会有所增加，从而带来小麦工业消费量的增加。对于小麦种用量的变化，则可以从小麦栽培技术的进步以及小麦耕种面积的变化两方面来考虑。从 1992/1993 年度开始，由于中国对于粮食生产还未实行"四减免""四补贴"以及价格支持和宏观调控，农民种粮经济效益低下，小麦种植面积基本上是逐年下降的（聂振邦，2010），同时伴随着栽培技术的进步，毋庸置疑，小麦种用量是减少的。从 2004 年开始，国家取消了农业税，并逐年增加粮食生产的相关补贴，较大地提高了农民生产粮食的积极性；从

2005年起，小麦耕种面积又有所回升，从而小麦种用量也有所增加。

二 中国小麦消费的用途结构

中国小麦用于口粮消费的比例一直保持在80%左右，近年来，虽然每年还要净增几百万人口，但小麦口粮消费的绝对数量持续下降。国家粮油信息中心的统计数据显示（见图8-2），2009/2010年度中国小麦口粮消费量约为8050万吨，比上一年度略有增加，占小麦消费总量的75.9%；小麦饲料消费量、工业消费量和小麦种用量也都略有增加，其中小麦饲料消费量占9.9%，小麦工业消费量约占9.8%，小麦种用消费量为469万吨，占小麦消费总量的4.4%；年度小麦总消费量约为10609万吨，比上年略有上升。

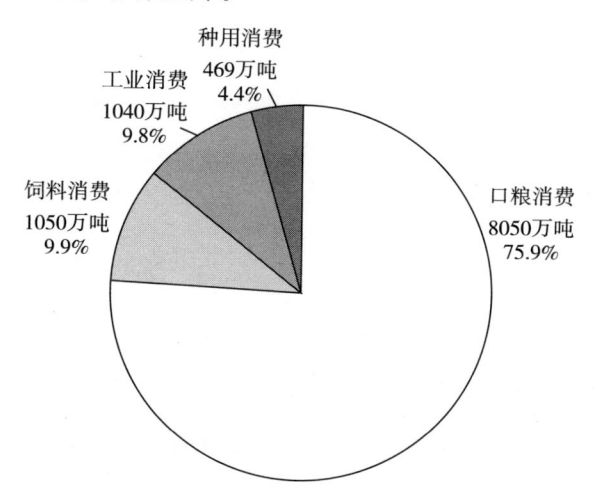

图8-2 中国小麦消费用途结构（2009/2010）
资料来源：国家粮油信息中心，转引自《中国粮食发展报告2010》。

三 中国小麦口粮消费的区域差异

（一）城乡差异

在第六章中，我们分析了中国人均稻谷口粮消费的城乡二元结构，对于人均小麦口粮消费，同样如此。图8-3反映了中国城乡居民人均小麦口粮消费的变动趋势。目前，中国城镇居民每年小麦口粮消费量基本在 18 千克/人上下波动，而农村居民小麦口粮消费量则持续下降，从 1995 年的 81.11 千克/人下降到 2009 年的 59.56 千克/人，15 年来，城乡居民小麦口粮消费量的差距有所缩小，但 2009 年农村居民小麦口粮消费量依然超出城镇居民人均口粮消费量 40 千克以上。同样是口粮消费，农村居民年人均小麦口粮消费量与城镇居民年人均小麦口粮消费量的差距是农村居民年人均稻谷口粮消费量和城镇居民年人均稻谷口粮消费量差距的两倍。人均小麦口粮消费量呈下降趋势，但由于中国人口的持续增长，小麦口粮消费总量出现下降的幅度应该不会太大。

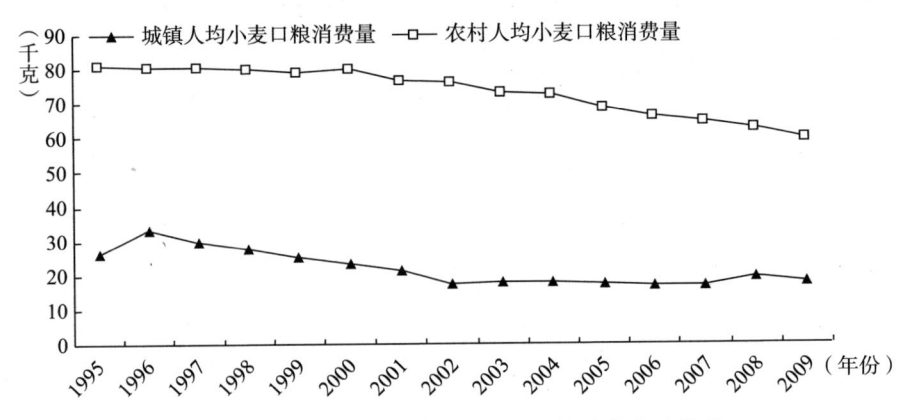

图 8-3 中国城乡居民人均小麦口粮消费变动趋势

资料来源：城镇人均小麦口粮消费量根据历年《中国价格及城镇居民家庭收支调查年鉴》中城镇居民人均面粉消费量除以 70% 计算；农村人均大米口粮消费量来自历年《中国农村住户调查年鉴》中农村居民人均小麦口粮消费量。

（二）地区差异

在第七章中，我们引入了稻谷口粮消费比率，结合中国人均稻谷口粮消费量和人均稻谷口粮消费比率，对中国不同省区市的稻谷口粮消费情况进行了对比。在本章，为了便于对比各省区市小麦口粮消费存在的地区差异，我们也引入类似的指标——小麦口粮消费比率[①]对 2009 年中

---

① 小麦口粮消费比率 = 各地区人均小麦口粮消费量/（各地区人均稻谷口粮消费量 + 各地区人均小麦口粮消费量）。

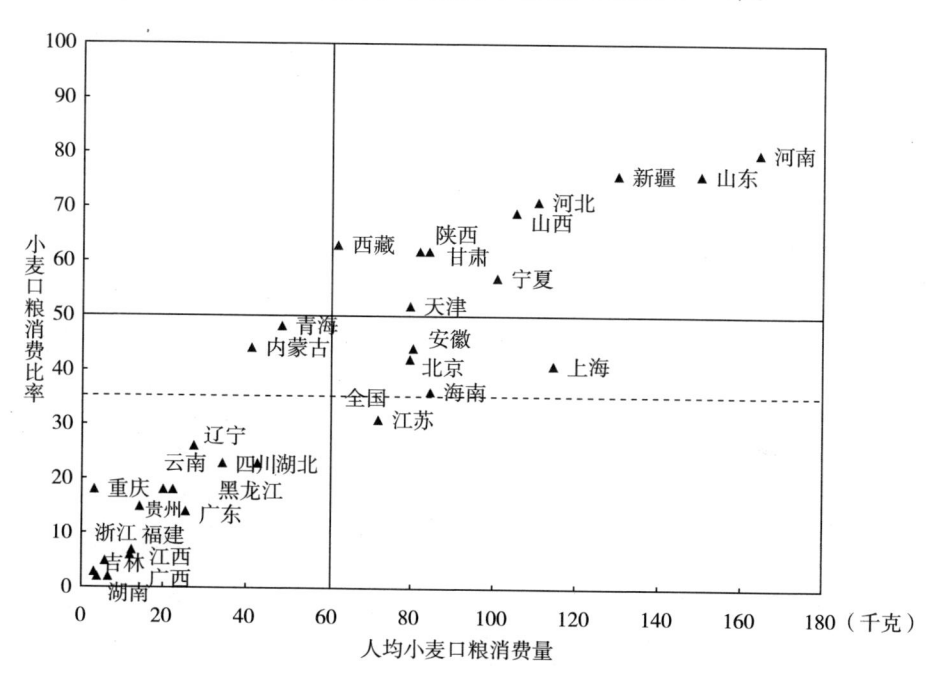

国各省区市的小麦口粮消费水平进行了衡量（见图8-4）。

图8-4 2009年中国各省区市人均小麦口粮消费量以及消费比率分布

说明：2009年全国人均小麦食用消费量为60.3千克，小麦食用消费比率为35%。

资料来源：根据国务院发展研究中心粮食政策课题组提供的稻谷口粮消费量、小麦口粮消费量以及中国各省区市人口数据推算，人口数据来自《中国人口和就业统计年鉴2009》。

根据国务院发展研究中心粮食政策课题组提供的各省区市小麦口粮消费数据和《中国人口和就业统计年鉴2009》中的中国人口数据，我们首先对全国人均小麦口粮消费量和小麦口粮消费比率进行了估算，2009年全国人均小麦口粮消费量为60.3千克，小麦口粮消费比率为35%。

如图8-4所示，2009年中国小麦口粮消费比率低于35%的地区由低到高依次为湖南、广西、吉林、浙江、江西、福建、广东、贵州、黑龙江、重庆、云南、湖北、四川、辽宁和江苏，这些省份主要分布在中国南方以及东北地区，小麦口粮消费量均低于全国平均水平。尤其是湖南、广西、浙江、江西、福建五省，小麦口粮消费比率不到10%，这五省中人均小麦口粮消费量最大的福建省，人均小麦口粮消费量只有

12.4千克，远低于全国平均水平60.3千克，小麦口粮消费水平很低。

小麦口粮消费比率为35%～50%的主要有海南、上海、北京、内蒙古、安徽和青海。这六个省份中，内蒙古、青海两省份的人均小麦口粮消费量只有41.3千克和48.5千克，不到全国的平均水平，但其小麦口粮消费比率则高于全国平均水平（结果与稻谷口粮消费情况一致），说明这些省份稻谷、小麦口粮总消费量不高。同其他省份相比，西部各省居民的粮食消费中包含更多的粗杂粮，以致稻谷、小麦口粮消费水平不高。海南、安徽、北京、上海四地区，小麦口粮消费量均高于全国平均水平。

小麦口粮消费比率高于50%的地区由低到高依次为天津、宁夏、陕西、甘肃、西藏、山西、河北、山东、新疆和河南，其中作为小麦主产省的河南，人均小麦口粮消费量达164.3千克，小麦口粮消费比率达到80%，均为全国最高水平。这些地区大多位于中国北部或西部地区，并且其中的河北、山东、河南、新疆等省份都位于中国重要的小麦主产区。

四 小麦消费的品种特征

由于中国人口众多，粮食供求关系紧张，为缓解粮食消费的总量压力，多年来中国粮食生产对数量的重视超过品种。对小麦来说，也是如此。有的年份，普通小麦严重过剩，适合加工饼干的弱筋小麦和适合加工面包的强筋小麦却严重缺乏，优质、专用小麦不足，小麦结构性过剩和短缺的问题还比较突出。黄淮海平原和长江中下游地区是中国小麦生产的主要地区，但相对于水稻，小麦生产的集中度要低得多（马晓河等，2008），中国农户耕地规模较小，难以形成规模经营，农民生产用种随机性强、品种混杂，再加上生产、加工、储运和营销过程的粗放，品种质量稳定性差。国务院发展研究中心粮食政策课题组的统计资料显示（见图8-5），从20世纪90年代初期开始，中国优质小麦的消费量持续上升，占小麦消费总量的比重也从8.27%持续上升到2008年度的37.26%，而普通小麦的消费量及其在小麦消费总量中的比重都呈下降趋势。

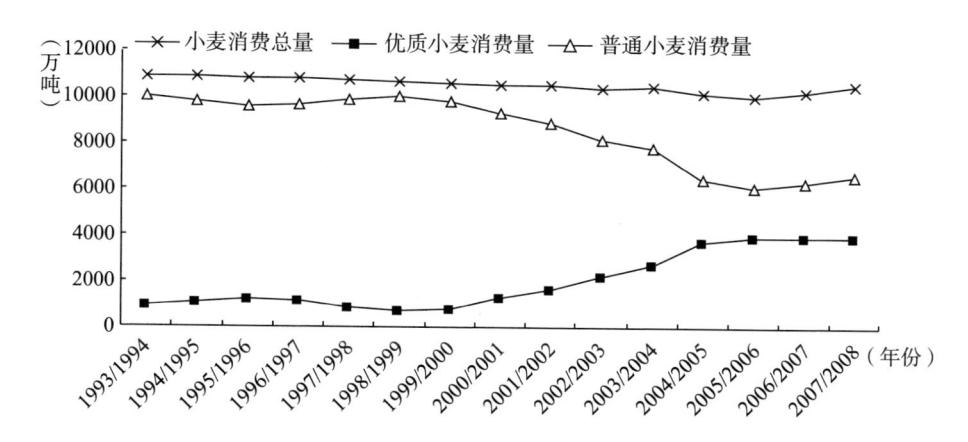

图 8-5 中国优质小麦消费年度变化情况
资料来源：国务院发展研究中心粮食政策课题组。

优质强筋小麦磨制成专用面粉后，可以作为制作面包、饺子粉、面条粉的原料。由于对面粉的品质要求较高，制作面包要全部采用优质强筋小麦，甚至还要添加进口高筋小麦粉；在饺子粉中加入强筋小麦粉，可以提高饺子粉的质量，并增加口感；普通面粉中加入部分强筋小麦粉，生产方便面、拉面和面条，可以提高产品的筋度；另外一些质量较差的小麦粉，添加强筋小麦粉后，可以加工为馒头和其他面食。强筋小麦价格高，而且加工技术要求较高，在中国消费地域广泛，但主要集中在城市地区，主要的优质强筋小麦消费地区为江苏、福建、陕西、甘肃、黑龙江、贵州等省份和北京、上海、重庆等大中城市。

第二节 小麦需求模型

一 模型结构与方程形式

对于小麦口粮需求，本研究仍采用双边对数模型进行研究，并在模型中加入了自价格、替代商品价格以及消费偏好等变量。

农村人均小麦需求方程：

$$\ln d^R = \alpha^R + \lambda^R \ln I^R + \beta^R \ln p^{RW} + r^R \ln p^{RR} + \omega^R M^R + \mu^R \quad (8-1)$$

其中，d^R为农村人均小麦消费量，I^R为农村居民人均纯收入，p^{RW}为农户小麦零售价格，p^{RR}为农村稻谷销售价格，M^R为农村小麦消费偏好（即农村小麦口粮消费比率），α^R为农村人均小麦口粮消费函数的截距，μ^R为服从正态分布的随机误差项，λ^R、β^R、r^R、ω^R为待定参数。

城市人均面粉需求方程：

$$\ln d^U = \alpha^U + \lambda^U \ln I^U + \beta^U \ln p^{UW} + r^U \ln p^{UR} + \omega^U M^U + \mu^U \quad (8-2)$$

其中，d^U为城镇人均面粉消费量，I^U为城镇居民可支配收入，p^{UW}为城镇面粉销售价格，p^{UR}为城镇大米销售价格，M^U为城镇居民面粉消费偏好（即城镇小麦口粮消费比率），α^U为城镇人均大米口粮消费函数的截距，μ^U为服从正态分布的随机误差项，λ^U、β^U、r^U、ω^U为待定参数。

流动人口人均面粉需求方程：

$$d^F = (d^R \cdot \theta + d^U)/2 \quad (8-3)$$

其中，流动人口的人均面粉消费我们以城镇人均面粉消费量和农村人均小麦消费转化为面粉后的均值来计算，d^F、d^U分别表示流动人口、城镇人口人均面粉消费，d^R表示农村人口小麦口粮消费，θ为小麦、面粉转化率。

小麦口粮需求总量方程：

$$D^{Food} = P^R d^R + P^U d^U/\theta + P^F d^F/\theta \quad (8-4)$$

其中，d^R为农村人均小麦口粮消费量，d^U为城镇人均面粉口粮消费量，d^F为流动人口人均面粉口粮消费量，P^R、P^U、P^F分别为农村人口数量、城镇人口数量以及流动人口数量，θ为小麦、面粉转化率。

小麦饲料需求方程：

$$\ln D^{Feed} = \alpha^{Feed} + \beta^{Feed} \ln p^{RW} + r^{Feed} \ln p^{RC} + \mu^{Feed} \quad (8-5)$$

其中，D^{Feed}表示小麦饲用消费量，p^{RW}为农村小麦销售价格，p^{RC}为农村玉米销售价格，α^{Feed}为小麦饲用消费方程的截距项，μ^{Feed}为服从正态分布的随机误差项，β^{Feed}、r^{Feed}为待定参数。

小麦工业需求方程：

$$\ln D^{Ind} = \alpha^{Ind} + \beta^{Ind} \ln p^{RW} + r^{Ind} \ln RGDP + \mu^{Ind} \qquad (8-6)$$

其中，D^{Ind}表示小麦工业消费量，p^{RW}为农村小麦销售价格，$RGDP$为人均GDP，α^{Ind}为小麦工业消费方程的截距项，μ^{Ind}为服从正态分布的随机误差项，β^{Ind}和r^{Ind}为待定参数。

小麦种子需求方程：

$$D^{Seed} = \alpha^{Seed} + \beta^{Seed} t + \mu^{Seed} \qquad (8-7)$$

其中，D^{Seed}为小麦种用消费量，t为年份，取1995年$t=1$，α^{Seed}为小麦种用消费函数的截距，μ^{Seed}为服从正态分布的随机误差项，β^{Seed}为待定参数。

小麦需求总量：

$$D = D^{Food} + D^{Feed} + D^{Ind} + D^{Seed} \qquad (8-8)$$

其中，D为小麦消费总量，D^{Food}为小麦口粮消费总量，D^{Feed}为小麦饲料消费总量，D^{Ind}为小麦工业消费量，D^{Seed}为小麦种用量。

二 研究数据

城镇居民人均面粉消费量来自历年各期《中国物价及城镇居民家庭收支调查年鉴》《中国价格及城镇居民收支调查》《中国城市年鉴》，农村居民人均小麦消费量来自《中国农村住户调查年鉴2009》，并且根据对城乡居民在外用餐小麦消费量的估计，对城镇居民人均面粉消费量以及农村居民人均小麦消费量进行了调整；城镇居民面粉、大米零售价格，农村居民小麦、稻谷、玉米销售价格来自《中国农业发展报告2009》，均为农业部160个物价信息网点县的平均价，城镇居民人均可支配收入和农村居民纯收入来自历年《中国统计年鉴》，中国历年人均

GDP 来自《中国卫生统计年鉴 2010》，以当年价格计算，历年中国小麦饲用消费量和历年种用消费量来自联合国粮农组织数据库，历年小麦工业消费量和小麦消费比率则根据国务院发展研究中心粮食政策课题组提供的数据计算得出。所有数据的基期均为 1995 年。

三 方案设计

小麦需求模型的方案设定如下。

第一，模型中作为外生变量的人口数据主要参考联合国经济和社会事务部人口司及国家人口计生委流动人口服务管理司发布的相关数据。其中 S0 方案中的人口增长速度、人口总量结构、流动人口数量以上述机构数据为准，S1 方案中各阶段的人口增长率均以 S0 方案中人口增长速度降低 0.1 个百分点计算，S2 方案中各阶段的人口增长率则均以 S0 方案中人口增长速度提高 0.1 个百分点计算。

第二，S0 方案中假定人均 GDP 年增长率为 8%，S1 方案中人均 GDP 年增长率设定为 6%，S2 方案中设定人均 GDP 年增长率为 10%。

第三，S0 方案中城镇居民人均可支配收入增长率和农村居民纯收入增长率按 8% 计算，S1 方案和 S2 方案中城镇居民人均可支配收入增长率和农村居民纯收入增长率分别设定为 6% 和 10%。

第四，S0 方案中设定中国农产品价格年增长 4%，S1 方案和 S2 方案中农产品价格增长率分别设定为 6% 和 3%。

第五，小麦、面粉转化率 θ 为 70%。

四 研究结果与分析

表 8-1 是对上述模型和数据进行估计得到的结果，可以看出，对农村人均小麦口粮需求来说，需求价格弹性为 -0.134，即小麦价格每上升 1%，人均小麦口粮需求量将减少 0.134%；需求收入弹性为 -0.189，即农民收入每增长 1%，人均小麦口粮需求量将减少 0.189%。同农民人均稻谷口粮消费相似，作为生活必需品，农民的小麦口粮需求受收入

和价格变化的影响较小,农民人均小麦口粮需求量减少的速度远低于价格上升和收入增长的速度。在同稻谷的交叉价格弹性方面,小麦和稻谷的交叉弹性为正值,表明稻谷口粮需求与小麦口粮需求之间存在替代关系,当其他条件不变时,如果稻谷价格上升1%,则农村居民的人均大米口粮需求量会提高0.327%。

表8-1 小麦需求模型估计主要结论

1	农村人均小麦口粮需求模型系数	固定变量 4.128	农村居民人均纯收入 -0.189**	小麦价格 -0.134***	稻谷价格 0.327*	小麦消费比率 1.823	调整后复相关系数 0.862
2	城镇人均面粉需求模型系数	固定变量 3.246	城市居民可支配收入 -0.325**	面粉价格 -0.063**	大米价格 0.136	面粉消费比率 2.314	调整后复相关系数 0.783
3	小麦饲用需求模型系数	固定变量 5.921	小麦价格 -7.685***	玉米价格 5.780***	—	—	调整后复相关系数 0.382
4	小麦工业需求模型系数	固定变量 2.017	小麦价格 -0.768***	人均GDP 0.385***	—	—	调整后复相关系数 0.910
5	小麦种用需求模型系数	固定变量 555.11	小麦价格 -2.062	—	—	—	调整后复相关系数 0.867

注:符号***、**、*分别表示系数值在t统计1%、5%、10%水平上有效。

对于城镇居民面粉口粮需求来说,需求价格弹性为-0.063,即面粉价格每上升1%,城镇居民人均面粉需求量仅仅减少0.063%;需求收入弹性为-0.325,即城镇居民收入每增长1%,人均面粉口粮需求量减少0.325%。同城乡居民的稻谷需求情况相似,城镇居民人均面粉口粮需求的价格弹性低于农村居民,说明价格变化对城镇居民面粉口粮需求的影响要小于农村居民,而城镇居民人均面粉口粮需求的收入弹性高于农村居民。在同面粉的交叉弹性方面,小麦和面粉的交叉弹性为正值,如果面粉价格上升1%,小麦的需求量将会提高0.136%。农村居民和城镇居民小麦口粮消费的比率弹性均为正值,口粮需求的比率弹性反映了消费偏好，说明人均小麦口粮需求对于小麦消费比率的变化较敏感，消费偏好的变化也会对小麦口粮需求产生很大影响。

对于饲用小麦需求来说，小麦的需求价格弹性为 -7.685，同玉米的交叉价格弹性为 5.780，即其他条件保持不变时，小麦价格每上升 1%，饲用小麦的需求量将减少 7.685%，而玉米价格每上涨 1%，饲用小麦的需求量将增加 5.780%；小麦工业需求的价格弹性为 -0.768，人均 GDP 每增长 1%，小麦工业需求量增长 0.385%；由于技术进步，小麦种用需求量每年减少 2.062 万吨。

五　中长期小麦需求预测

表 8-2 是根据计量模型分析结果和 S0、S1、S2 三种模拟方案对中国 2020 年、2030 年以及 2050 年小麦消费需求进行估算的结果。

表 8-2　2020 年、2030 年以及 2050 年中国小麦需求量

单位：万吨，%

方案	年份	小麦需求总量	按用途分各项数量				按用途分各项比例			
			口粮	饲料粮	工业用粮	种子用粮	口粮	饲料粮	工业用粮	种子用粮
S0	2020	9461.3	6925.7	993.4	1040.7	501.5	73.2	10.5	11.0	5.3
	2030	9429.4	6685.4	1075.0	1188.1	480.9	70.9	11.4	12.6	5.1
	2050	9160.4	5826.0	1364.9	1529.8	439.7	63.6	14.9	16.7	4.8
S1	2020	8646.6	6268.8	916.5	959.8	501.5	72.5	10.6	11.1	5.8
	2030	8587.5	6019.8	1004.7	1099.2	480.9	70.1	11.7	12.8	5.6
	2050	8296.2	5201.7	1302.5	1368.9	439.7	62.7	15.7	16.5	5.3
S2	2020	10030.0	7392.1	1043.1	1093.3	501.5	73.7	10.4	10.9	5.0
	2030	9812.3	7006.0	1138.2	1187.3	480.9	71.4	11.6	12.1	4.9
	2050	9355.3	6006.1	1431.4	1478.1	439.7	64.2	15.3	15.8	4.7

第三节　中国小麦需求中长期趋势分析

作为主要的口粮品种，中国小麦中长期需求的变化趋势同稻谷中长

期需求的变化比较相似，具体有如下特点。

第一，小麦需求总量持续下降，但趋向平稳。在三种方案情景下对于小麦需求总量的预测均表现出以下特点：小麦需求总量下降，但下降速度比较缓慢。中国目前正处于植物性食品消费下降、动物性食品消费上升的阶段，小麦是中国口粮消费的主要品种之一，口粮消费占很大比例，仅仅有少部分用作饲料和工业消费，因此从人均需求量来看，小麦口粮需求下降趋势比较明显，而人口刚性增长延缓了小麦需求总量下降的速度。即便是2030年之后，中国人口总量开始下降，但下降速度是缓慢的，考虑到小麦饲用需求和工业需求的增加，小麦需求总量将小幅下降。21世纪中叶，小麦的需求总量应在9000万吨左右波动。

第二，小麦口粮需求数量和比重将呈现双减的态势。在我们的三种模拟方案中，小麦的口粮需求数量和比重均呈现递减的趋势。随着中国经济的快速发展和居民生活质量的提高，城乡居民对于食物消费将会有更高层次的需求。小麦等主要粮食品种的直接消费需求数量下降，间接消费需求数量上升是一个趋势，这种趋势就表现为小麦口粮需求量的下降，其他用途需求量的上升，在一个较长的时期内，这种趋势将基本改变。2030年后，随着中国人口总数开始减少，小麦口粮需求数量和比重减少的趋势将更为明显。

第三，小麦饲用需求和工业需求将成为小麦需求的主要增长点。我们对于小麦饲用需求和工业需求的中长期预测显示，随着城乡居民小麦口粮需求的减少，小麦饲料需求和工业需求的数量和比重将呈增加趋势。经济增长、工业加工水平的提高以及人们食物消费多元化的要求，必然引发小麦工业加工量的提高，同时中国小麦由于加工业规模小、竞争能力弱、国际地位低，蕴藏着巨大的发展潜力（马晓河，2008）。

第四，小麦需求专用化趋势增强，更加注重消费品质。随着经济社会的发展和东西方文化的交流，人们的饮食习惯将不断发生改变。人们直接购买面粉的数量将逐步减少，购买各种方便食品、面包和糕点的数量将日益增多，从而引发强筋小麦、弱筋小麦等各类优质小麦需求量的增加，促使小麦需求专用化趋势增强；生活质量的提高使得人们的小麦消费不再追求数量，而是更加注重品质，各种新型、美味、营养、可口的方便面制食品需求量将快速增加。

第四节 本章小结

本章通过对中国小麦的消费结构和格局进行分析，利用双边对数模型，构造小麦需求模型，利用1995~2008年的相关宏微观经济数据，对中国2020年、2030年以及2050年小麦需求总量、口粮需求量、饲料需求量、工业用粮需求量以及种子用粮需求量进行了预测，并对中国中长期小麦消费趋势进行了判断，主要结论如下。

第一，近年来，中国小麦消费总量和口粮消费总量都呈现下降趋势，饲料用粮波动幅度较大；小麦消费中口粮消费依然占主体地位，小麦口粮消费量占总消费量的比例在75%以上；小麦口粮消费区域特征明显，消费比率和消费量高于全国平均水平的地区主要分布在西部和北部地区；目前的小麦消费存在普通小麦过剩，强筋、弱筋等优质小麦不足的结构性过剩问题。

第二，弹性分析发现，城乡居民收入增加，对小麦口粮消费需求的影响均为负，小麦已经成为"低等品"；面粉价格升高，对城市居民面粉需求的影响不大；稻谷价格升高，对小麦口粮需求的影响为正，作为重要的口粮品种，稻谷和小麦互为替代品；小麦饲用需求对于小麦价格和玉米价格的弹性均大于1，小麦饲用需求受小麦和玉米价格的影响很大。

第三，中国小麦中长期消费需求的变化趋势有如下特点：小麦需求总量持续下降，但趋向平稳；小麦口粮需求数量和比重将呈现双减的态势；小麦饲用需求和工业需求将成为小麦需求的主要增长点；需求专用化趋势增强，更加注重消费品质。

第九章　中国大豆需求中长期趋势分析

大豆原产于中国，不仅是重要的植物油和蛋白食品生产原料，还是畜牧业重要的蛋白饲料来源，在世界食物生产和消费系统中占有十分重要的地位。美国农业部（USDA，2011）的数据显示，2009/2010 年度世界大豆产量达 2.60 亿吨，占世界油籽产量的 58.9%，其中用于压榨加工的为 2.09 亿吨，占油籽压榨总量的 58.6%；2009/2010 年度全球生产植物油 14008 万吨，其中大豆油为 3876 万吨，略低于棕榈油（4586 万吨），居第二位。2009/2010 年度，美国、巴西、阿根廷和中国大豆产量居世界前四位，这四个国家大豆产量占世界大豆产量的 88.3%，中国、美国、巴西是消费大豆油最多的三个国家，而消费豆粕最多的国家和地区依次为中国、欧盟和美国。

国际上将大豆划分为油料作物，而在中国的粮食统计口径中一直将大豆视为主要的粮食品种。大豆与食品工业、畜牧业以及饲料工业紧密关联。目前，大豆油是中国主要的植物油，年消费量约占植物油消费量的 40%，豆粕是饲料加工的重要植物蛋白原料，占饲料工业蛋白原料的 60% 左右，豆制品是中国重要的植物蛋白食品。2009/2010 年度，我国大豆产量居世界第四位，但只有 1498 万吨，远低于美国的 9141.7 万吨，而大豆消费量约为 6062.2 万吨。为满足国内消费并补充库存，2009/2010 年度中国从国际市场进口大豆 5033.8 万吨，中国大豆进口数量占国内大豆消费量的 83.0%，占世界大豆出口总量的 54.3%，大豆成为中国少数几种需要大量进口的农产品之一。作为世界上最大的大豆进口国，中国主导着世界大豆需求的增长，中国大豆供求情况将会对世界大豆市场产生重要影响。

第一节　中国大豆消费的结构和格局

中国大豆从20世纪90年代前的食用为主转变为工业压榨用途为主，大豆食用消费主要包括直接食用消费和间接食用消费，直接食用消费主要是将大豆或煮或炒后食用，间接食用则是将大豆制成豆浆、豆腐、腐竹、豆干以及一些新兴豆制品。大豆压榨的主要产品为豆油和豆粕，豆油用于生活消费，而豆粕用于饲料工业，它们都来自大豆压榨，鉴于这种紧密的联系，大豆消费需求中不再划分工业消费和饲料消费。因此不同于稻谷、玉米、小麦等粮食品种，我们将大豆消费按用途分为食用消费、压榨消费和种用消费。本节将对中国大豆消费的结构特征进行分析。

一　中国大豆消费的年度变化

大豆、豆油和豆粕是中国大豆消费的主要形式。对于其他粮食品种，国家主要通过进出口原粮调剂供求余缺，国内消费的数量可以通过原粮的供需平衡表计算。而对于大豆品种，中国进口的不光有大豆原粮，还有为数不少的豆油和豆粕，因此我们选取了豆油供需平衡表和豆粕供需平衡表中的豆油消费总量、豆粕消费总量对大豆压榨消费数量进行了重新换算，在计算过程中，大豆出油率按18%计算，豆粕产出率按80%计算。通过计算，我们将利用豆油消费数据换算得到的大豆压榨量作为中国大豆压榨消费的需求量，并重新计算了大豆消费总量（见表9-1）。

表9-1 中国城乡居民豆类及豆制品消费变化

年份	农村居民人均大豆直接食用消费（单位：千克）	变化量	城镇居民干豆类及豆制品支出（1）（单位：元）	居民消费价格指数	城镇居民干豆类及豆制品支出（2）（单位：元）	变化量
2000	2.53	—	29.86		29.86	—
2001	2.46	-0.07	31.04	100.7	30.82	0.96
2002	2.20	-0.26	29.28	99.2	29.31	-1.51
2003	2.05	-0.15	31.40	101.2	31.06	1.75
2004	1.91	-0.14	35.85	103.9	34.13	3.07
2005	1.91	0	38.38	101.8	35.89	1.76
2006	2.09	0.18	38.32	101.5	35.31	-0.58
2007	1.74	-0.35	43.43	104.8	38.18	2.83
2008	1.75	0.01	54.61	105.9	45.34	6.16
2009	1.69	-0.06	58.37	99.3	48.80	3.46

说明：《城镇居民干豆类及豆制品支出（2）》是根据消费者价格指数调整的2000年不变价而计算得出。

资料来源：2001~2010年《中国统计年鉴》。

图9-1显示了1994/1995年度~2009/2010年度中国大豆消费变动情况。从大豆消费总量来看，这一阶段，中国大豆消费快速增长，从最初的1649万吨持续上涨到2009/2010年度的6720万吨，增长了3倍多，2005/2006年度，中国大豆消费量首次超越美国，成为世界上最大的大豆消费国。随着城乡居民收入增长和生活水平的提高，对植物性蛋白摄入量持续增长，在这一阶段，大豆食用总量从510万吨增长到1170万吨，增加了一倍多，而1994年至今中国人口仅仅增加了10%左右，因此人均大豆食用消费量也是增长的。在大豆消费中增长速度最快的是压榨消费，大豆压榨量从1994/1995年度的1107万吨增加到2009/2010年度的5487万吨，增长了近4倍，城乡居民持续增长的肉蛋奶和大豆油消费是大豆压榨量大幅增长的直接动力。大豆种用量相对较小，也呈增加趋势。

二 中国大豆消费的结构变化

20世纪90年代以后，中国大豆压榨量快速增长，逐渐改变了大豆

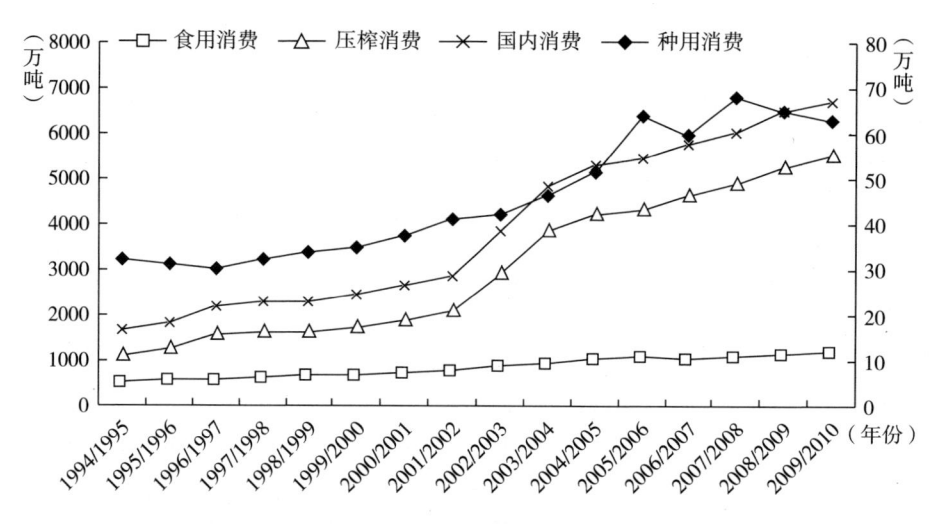

图9-1 中国大豆消费的年度变化（1994~2010）

说明：因大豆种用消费总量与其他各项消费量相差较大，为便于分析，将其对应于右轴。

资料来源：国务院发展研究中心粮食政策课题组。

消费结构，从1994/1995年度到2009/2010年度的中国大豆消费用途结构发生了明显的变化（见图9-2）。1994/1995年度，大豆食用消费量为510万吨，占消费总量的40.09%，大豆压榨消费量为730万吨，占1994/1995年度消费总量的57.39%，其中国产大豆达715万吨，占大豆压榨消费量的绝大多数；而2009/2010年度，大豆食用消费量虽然增加到1170万吨，但在大豆消费总量中的比重则降到19.43%，大豆压榨消费量为4787.2万吨，在大豆消费总量中的比重接近80%，其中进口大豆压榨量为4292万吨，占大豆压榨总量的近90%。中国大豆压榨行业对进口大豆的依赖性持续增强，大豆压榨消费呈现数量和比重双重增长的局面。中国大豆进口主要来自美国、巴西和阿根廷，绝大多数为转基因大豆，含油量较高，同时出于食品安全方面的考虑，多数用于榨油；而国产大豆为非转基因大豆，易于食用消费。大豆种用消费量虽然有所增加，但在大豆消费中的比重从之前的2.52%下降到上一年度的1.05%。

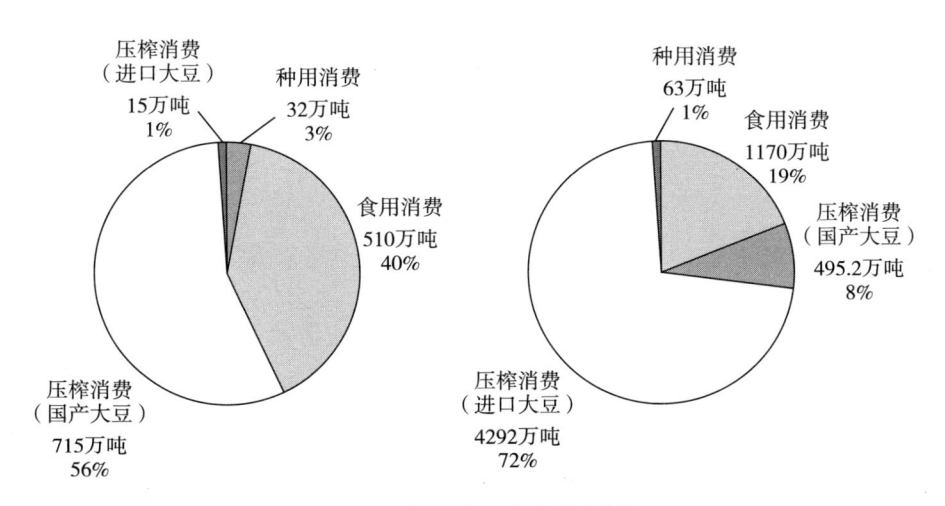

图 9-2　中国大豆消费用途结构

说明：左图为 1994/1995 年度，右图为 2009/2010 年度。
资料来源：国务院发展研究中心粮食政策课题组。

三　中国大豆消费的区域特征

第一，城乡消费差异。目前，中国农村居民人均大豆食用消费处于较低水平，并且近十年来基本呈现逐年下降趋势（见图 9-2）。2000 年中国农村居民人均大豆食用消费量为 2.53 千克，2009 年下降到 1.69 千克，距 2001 年国务院发布的《中国食物与营养发展纲要（2001~2010年）》中提出的到 2010 年中国农村居民豆类目标摄入量为 13 千克/人的目标消费量还有很大差距；从 2000~2009 年中国城镇居民人均干豆类及豆制品支出变化上看，中国城镇居民的豆类及豆制品消费总体上是增长的，但增长幅度较小。按 2000 年不变价格计算，城镇居民人均干豆类及豆制品支出仅仅从 2000 年的 29.86 元增加到 48.80 元。总体上来看，中国城乡居民豆类及豆制品消费还处于较低水平。和美国、日本等发达国家相比，中国的豆制品开发和加工技术还存在很大差距，豆制品消费还集中在豆腐、腐竹以及豆干等初级产品，品种比较单一。

第二，大豆压榨企业向沿海港口集中。东北三省和内蒙古是中国大豆的主产区，凭借这一优势，东北地区大豆压榨能力一度超过全国大豆压榨能力的50%，至2006年底，东北地区大豆压榨能力占全国大豆压榨能力的比重下降至20%左右，中国大豆压榨中心经历了从东北主产区向沿海港口的转移。中国大豆压榨业的大豆原料主要依赖进口，沿海省份良好的港口条件为进口大豆提供了便利，山东、江苏、广东、广西等沿海省份的大豆压榨能力不断提高，目前，沿海地区的大豆压榨能力已经达到了全国大豆压榨能力的80%以上。随着沿海地区压榨行业的迅猛发展，山东、广东、江苏等沿海港口地区已成为中国新的豆油和豆粕生产基地。

第二节 豆油消费在植物油消费中的地位

植物油是从植物的果实、种子、胚芽中得到的油脂，中国传统油料作物主要包括大豆、油菜、花生，除此之外，还有少量的芝麻、胡麻、油葵、油茶等，棉籽也是一种重要的植物油加工原料。目前，中国植物油消费目前主要包括棕榈油、大豆油、花生油、菜籽油和棉籽油，其中棕榈油基本上全部来自进口，大豆油的来源为进口大豆油和大豆压榨业，但大豆压榨工业的原料90%为国外的转基因大豆，中国植物油对外依存度在60%以上。图9-3显示了近期中国各类植物油的消费变化情况，2003/2004年度至今，在中国主要的五类植物油中消费量最大、消费速度增长最快的就是大豆油和棕榈油，其中大豆油从694万吨增长到988万吨，年均增长5.2%，棕榈油消费量从356万吨增长到591万吨，年均增长7.7%。2009/2010年度，中国大豆油消费占植物油消费的40.00%，在所有的植物油品种中的比重最大，其他的依次为棕榈油、菜籽油、花生油和棉籽油（见图9-4）。

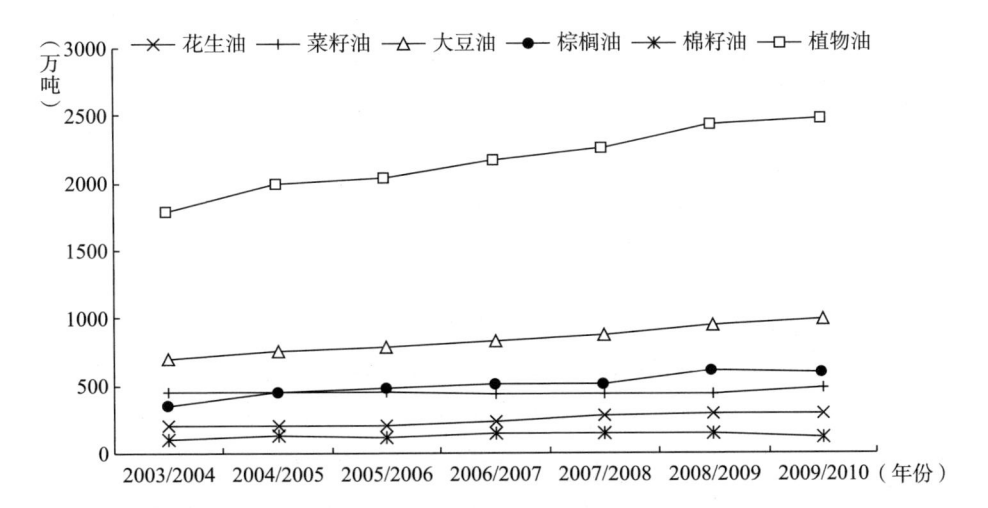

图 9-3 中国植物油消费需求

资料来源：国务院发展研究中心粮食政策课题组。

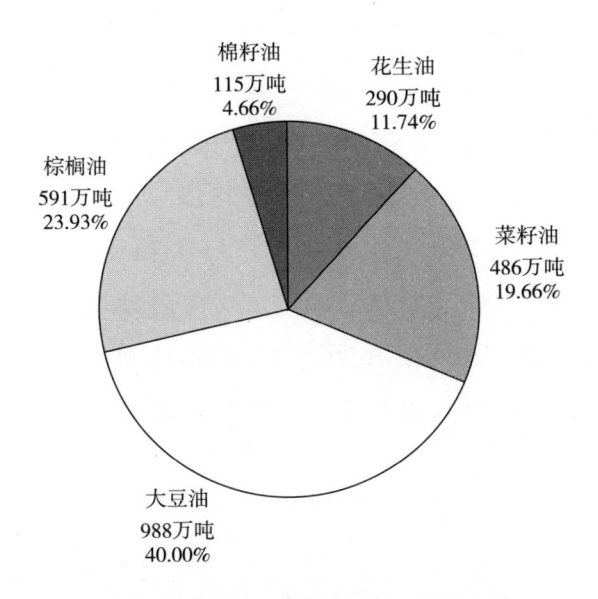

图 9-4 中国植物油消费结构（2009/2010）

资料来源：国务院发展研究中心粮食政策课题组。

第三节 豆粕消费与畜产品生产增长

豆粕蛋白质含量为40%~48%，赖氨酸含量高达2.45%，在饼粕类饲料中质量最好，赖氨酸含量最高。豆粕也是花生粕、棉籽粕、菜籽粕等植物油粕饲料产品中用途最广、产量最大的一种。实验表明，豆粕中所含的氨基酸足以平衡家禽和猪的营养，促进牲畜的营养吸收，大约有85%的豆粕用于家禽和猪的饲养（见表9-2）。在混合饲料中，猪饲料一般含有大约15%的豆粕，家禽饲料一般含有20%的豆粕。随着人口增长、城乡人口结构变动和人民生活水平的提高，中国城乡居民对肉禽蛋奶和水产品的需求量大幅增加，促进了饲料工业的快速发展。家禽、肉猪饲料需求的快速增加，拉动了对优质蛋白饲料的需求，虽然中国棉籽粕和菜籽粕的产量较大，但均需脱毒后方可用于饲料加工，目前国内饲料生产使用的植物蛋白原料主要是大豆粕。如图9-5所示，1996~2009年，中国的肉类产量从4584万吨增加到7650万吨，增加了3066万吨，年均增长率4.1%，猪肉产量从3158万吨增加到4891万吨，增加了1733万吨，年均增长率3.4%；这一阶段，豆粕饲料消费量从最初的897万吨猛增到2009年的3620万吨，增长了3倍多，豆粕消费年均增长率达到了8.9%，豆粕饲料消费增长与肉类生产增长表现出了很强的一致性。

表9-2 豆粕在饲养业中的使用

单位：%

使用去向	家禽	猪	牛	奶牛	宠物	食品工业	其他	总计
比例	52	29	7	6	2	2	2	100
饲料中的含量	20	15	—	—	—	—	—	—

资料来源：华东期货网。

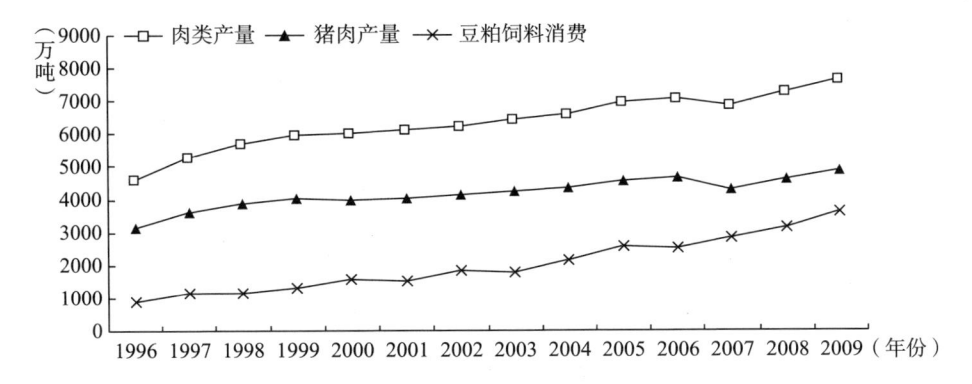

图 9-5 中国豆粕消费与肉类生产增长
资料来源：国务院发展研究中心粮食政策课题组。

第四节 大豆需求模型

陈永福（2004）、王济民等（2002）、沈金虎（2001）、Cheng Fang（2000）采用计量模型对食用大豆、豆粕和豆油消费需求的价格弹性和收入弹性进行了估计。结果表明价格和收入对食用大豆、豆粕和豆油消费影响显著，本研究在大豆需求模型中仍以收入和价格为主要变量。

一 模型结构与方程形式

在前面的研究中，我们将大豆的用途分为三类：食用消费、压榨消费和种子消费。不同于稻谷、玉米和小麦需求模型，在大豆需求模型中将需求分为三个部分：食用需求子模型、压榨需求子模型和种子需求子模型。

（一）食用需求子模型

农村居民人均食用大豆需求方程：

$$\ln d^R = \alpha^R + \lambda^R \ln I^R + \beta^R \ln p^B + \mu^R \tag{9-1}$$

其中 d^R 为农村人均大豆食用消费量，I^R 为农村居民的人均纯收入，p^B 为大豆销售价格，α^R 为农村人均食用大豆函数的截距，μ^R 为服从正态分布的随机误差项，λ^R、β^R 为待定参数。

城镇居民人均食用大豆需求方程：

$$\ln d^U = \alpha^U + \lambda^U \ln I^U + \beta^U \ln p^B + \mu^U \tag{9-2}$$

其中 d^U 为城镇人均食用大豆消费量，I^U 为城市居民可支配收入，p^B 为大豆销售价格，α^U 为城镇人均大豆口粮消费函数的截距，μ^U 为服从正态分布的随机误差项，λ^U、β^U 为待定参数。

流动人口人均大豆食用需求方程：

$$d^F = (d^R + d^U)/2 \tag{9-3}$$

流动人口的人均大豆食用消费量我们以城镇居民人均大豆食用消费量和农村居民人均大豆食用消费量的平均值来计算，其中 d^F 表示流动人口的人均大豆食用消费量，d^R 和 d^U 为农村居民人均大豆食用消费量和城镇居民人均大豆食用消费量。

大豆食用需求总量方程：

$$D^{Food} = P^R d^R + P^U d^U + P^F d^F \tag{9-4}$$

其中，d^R 为农村居民人均大豆食用消费量，d^U 为城镇居民人均大豆食用消费量，d^F 为流动人口人均大豆食用消费量，P^R、P^U、P^F 分别为农村人口数量、城镇人口数量以及流动人口数量。

(二) 大豆压榨需求子模型

农村居民人均大豆油需求方程：

$$\ln d^{OR} = \alpha^{OR} + \lambda^{OR} \ln I^R + \beta^{OR} \ln p^{OB} + \mu^{OR} \tag{9-5}$$

其中 d^{OR} 为农村居民人均大豆油消费量，I^R 为农村居民可支配收入，p^{OB} 为大豆油价格，α^{OR} 为农村居民人均大豆油消费方程的截距，μ^{OR} 为服从正态分布的随机误差项，λ^{OR}、β^{OR} 为待定参数。

城镇居民人均大豆油需求方程：

$$\ln d^{OU} = \alpha^{OU} + \lambda^{OU} \ln I^U + \beta^{OU} \ln p^{OB} + \mu^{OU} \qquad (9-6)$$

其中 d^{OU} 为城镇居民人均大豆油消费量，I^U 为城镇居民可支配收入，p^{OB} 为大豆油价格，α^{OU} 为城镇居民人均大豆油消费方程的截距，μ^{OU} 为服从正态分布的随机误差项，λ^{OU}、β^{OU} 为待定参数。

流动人口人均大豆油需求方程：

$$d^{OF} = (d^{OR} + d^{OU})/2 \qquad (9-7)$$

流动人口的人均大豆油消费量我们仍以农村居民和城镇居民大豆油消费量的均值来估算，d^{OF} 表示流动人口的人均大豆油消费量，d^{OR} 和 d^{OU} 为农村居民和城镇居民人均大豆油消费量。

大豆油需求总量方程：

$$D^{OB} = P^R d^{OR} + P^U d^{OU} + P^F d^{OF} \qquad (9-8)$$

其中，D^{OB} 为中国大豆油消费总量，d^{OR}、d^{OU} 和 d^{OF} 为农村、城镇以及流动人口人均大豆油消费量，P^R、P^U、P^F 分别为农村人口数量、城镇人口数量以及流动人口数量。

豆粕消费需求方程：

$$\ln D^{SML} = \alpha^{SML} + \beta^{SML} \ln p^M + r^{SML} \ln I^{UR} + \omega^{SML} \ln RL + \mu^{SML} \qquad (9-9)$$

其中 D^{SML} 为豆粕需求量，p^M 为豆粕价格，I^{UR} 为中国城镇居民人均可支配收入与农村居民人均纯收入按城乡人口比例计算的加权平均值，RL 为肉类消费量，α^{SML} 为豆粕消费需求方程的截距，β^{SML}、r^{SML}、ω^{SML} 为待定系数，μ^{SML} 为服从正态分布的随机误差项。

大豆榨油需求方程：

$$D^{PRESS} = \max\{D^{OB}\theta_1, D^{SML}\theta_2\} \qquad (9-10)$$

大豆榨油以后得到豆粕，因此豆油和豆粕的需求有十分紧密的联系，我们认为大豆压榨工业对大豆的需求量是榨油需要的大豆 D^{OB}/θ_1 和生产豆粕需要的大豆 D^{SML}/θ_2 二者之间的最大者，D^{PRESS} 为大豆压榨需求量，θ_1、θ_2 为大豆出油率和出粕率，$\theta_1 + \theta_2 < 1$。

（三）大豆种子需求模型

$$D^{Seed} = \alpha^{Seed} + \beta^{Seed} t + \mu^{Seed} \qquad (9-11)$$

其中 D^{Seed} 为大豆种用消费量，t 为年份，1995 年时，$t=1$，α^{Seed} 为大豆种用消费函数的截距，μ^{Seed} 为服从正态分布的随机误差项，β^{Seed} 为待定参数。

大豆需求总量方程：

$$D = D^{Food} + D^{PRESS} + D^{Seed} \qquad (9-12)$$

其中，D 为大豆需求总量，D^{Food} 为大豆食用需求量，D^{PRESS} 为大豆压榨需求量，D^{Seed} 为大豆种用量。

二 研究数据

中国城镇居民人均可支配收入、农村居民人均纯收入以及城乡人口比例数据来自历年《中国统计年鉴》。城乡居民大豆消费价格来自《中国农业发展报告 2010》，为农业部 160 个物价信息网点县平均价。历年豆粕需求量来自国务院发展研究中心粮食政策课题组提供的中国豆粕供需平衡表，城镇居民和农村居民人均食用大豆需求量和豆油需求量的估计参考了国家统计局《城镇居民家庭收入调查资料》和《农村住户调查材料》以及国务院发展研究中心粮食政策课题组提供的中国大豆供需平衡表和中国豆油供需平衡表。考虑到家庭内外消费量经过估算得到，豆油消费价格根据历年《中国统计月报》中的豆油月度数据加总平均得到，豆粕销售价格根据历年《中国畜牧业年鉴》中的全国畜产品及饲料集市价格统计资料月度数据加总平均得到，肉类消费量则来自历年《中国统计年鉴》中的肉类消费数据，历年大豆种用量来自国务院发展研究中心粮食政策课题组提供的大豆供需平衡表。所有数据的基期均为 1995 年。

三 方案设计

大豆需求模型的方案设定如下。

第一，模型中作为外生变量的人口数据主要参考联合国经济和社会事务部人口司和国家人口计生委流动人口服务管理司发布的相关数据。其中 S0 方案中的人口增长速度、人口总量结构、流动人口数量以上述机构数据为准，S1 方案中各阶段的人口增长率均以 S0 方案中人口增长速度低 0.1 个百分点计算，S2 方案中各阶段的人口增长率则均以 S0 方案中人口增长速度高 0.1 个百分点计算。

第二，S0 方案中城镇居民人均可支配收入增长率和农村居民纯收入增长率以 8% 计算，S1 方案和 S2 方案中城镇居民人均可支配收入增长率和农村居民纯收入增长率分别设定为 6% 和 10%。

第三，S0 方案中设定中国农产品价格年增长 4%，S1 方案和 S2 方案中农产品价格增长分别设定为 6% 和 3%。

第四，城乡居民肉类消费量年均增长率为 3%。

第五，大豆出油率以 18% 计算，大豆出粕率以 80% 计算。

四 模拟结果

表 9-3 是根据设定的大豆需求模型和研究数据，对待定参数进行估计得到的结果。对农村人均大豆食用需求来说，需求价格弹性为 -0.042，即当大豆价格上升 1% 时，人均大豆食用需求量只减少 0.042%，价格对于农村居民大豆食用需求影响较小；需求收入弹性为 0.216，即农民收入每增长 1%，人均大豆食用需求量将增长 0.216%，当收入增加时，农民大豆食用量增加较为明显。城镇居民对大豆的需求价格弹性为 0.089，即当大豆价格上升 1% 时，城镇居民人均大豆食用需求量仅仅减少 0.089%，同农村居民相似，城镇居民大豆食用需求受价格变动影响较小；城镇居民大豆食用需求收入弹性为 0.134，即当城镇居民收入每增长 1% 时，人均大豆口粮需求量增加 0.134%，城镇居民的大豆食

用需求受价格和收入的影响较小。

表9-3 大豆需求模型估计主要结论

1	农村人均大豆食用需求方程系数	固定变量 -0.325	农村居民人均纯收入 0.216***	农户大豆销售价格 -0.042*	调整后复相关系数 0.975
2	城镇人均大豆食用需求方程系数	固定变量 1.262	城镇居民可支配收入 0.134*	大豆价格（城镇）-0.089*	调整后复相关系数 0.724
3	农村居民人均豆油需求方程系数	固定变量 -0.021	农村居民人均纯收入 0.205**	豆油价格 -0.319*	调整后复相关系数 0.942
4	城镇居民人均豆油需求方程系数	固定变量 0.068	城镇居民可支配收入 0.161**	豆油价格 -0.223**	调整后复相关系数 0.936
5	豆粕需求方程系数	固定变量 4.127	价格 -0.057*	收入（城乡平均收入）0.137** / 肉类消费量 0.286**	调整后复相关系数 0.863
6	大豆种子需求模型系数	固定变量 22.748	年份 2.986***	—	调整后复相关系数 0.911

注：符号***、**、*分别表示系数值在t统计1%、5%、10%水平上有效。

城乡居民大豆油需求主要受豆油价格和收入水平的影响，豆油价格每升高1%，城镇居民豆油需求量就会减少0.223%，农村居民豆油需求量就会减少0.319%；而随着收入增长，城乡居民豆油需求呈增长趋势，收入每增加1%，农村居民豆油需求将增加0.205%，城镇居民豆油需求将增加0.161%。豆粕需求量受肉类消费量、人均收入和豆粕价格的影响，肉类生产量每增加1%，豆粕需求量就增加0.286%；人均收入每增加1%，豆粕需求量就增加0.137%；而豆粕价格每增加1%，豆粕需求量仅减少0.057%，豆粕价格变动对豆粕需求量的影响较小。大豆种用需求量则以每年2.986万吨的速度增加。

五 中长期大豆需求预测

表9-4是根据计量模型分析结果和S0、S1、S2三种模拟方案对中

国 2020 年、2030 年以及 2050 年大豆消费需求进行估算的结果。

表 9-4　2020 年、2030 年以及 2050 年中国大豆需求量

单位：万吨，%

方案	年份	大豆需求总量	按用途分各项数量			按用途分各项比例		
			食用	榨油	种子用粮	食用	榨油	种子用粮
S0	2020	8477.4	1452.3	6834.7	100.4	17.13	80.62	1.18
	2030	10076.6	1726.8	8215.6	130.2	17.14	81.53	1.29
	2050	12954.9	1931.3	10833.3	190.0	14.91	83.62	1.47
S1	2020	7805.5	1378.6	6326.5	100.4	17.66	81.05	1.29
	2030	9335.2	1569.1	7635.9	130.2	16.81	81.80	1.39
	2050	11572.1	1834.8	9547.3	190.0	15.86	82.50	1.64
S2	2020	9105.1	1578.2	7426.5	100.4	17.33	81.56	1.10
	2030	10802.5	1845.9	8826.4	130.2	17.09	81.71	1.21
	2050	13933.2	2105.3	11637.9	190.0	15.11	83.53	1.36

第五节　大豆需求中长期趋势分析

大豆需求总量持续快速增长。目前，中国大豆国内消费量在 6000 万吨左右，按照我们的 S0 方案，到 2020 年、2030 年、2050 年国内大豆需求量分别将达到 8477.4 万吨、10076.6 万吨、12954.9 万吨。和国内玉米需求的变化情况相似，到 21 世纪中叶，大豆国内需求量将是目前消费量的两倍多，大豆需求量将超过稻谷和小麦，位居中国主要粮食品种需求量的第二。随着城乡居民收入的增加以及生活水平的改善，人均肉蛋奶和植物油消费将有较大幅度的增长，从而推动饲料工业、畜牧业和油脂工业的快速发展。鉴于豆油消费、豆粕消费在植物油消费和饲料工业中占据重要地位，中长期内，大豆榨油需求增长仍然是大豆需求增长的主体。

中长期内，各类消费需求持续增加，大豆需求结构基本稳定。目

前，总体上讲，中国城乡居民的大豆食用消费量呈逐年小幅增加趋势，随着中长期内人口不断增加和居民食物消费结构的优化，大豆及豆腐、豆浆等豆制品因其含有高品质的蛋白和较高的营养价值仍将受到城乡居民的喜爱，大豆食用量尤其是间接食用量将平稳增长。根据我们的S0方案，2020年、2030年以及2050年大豆食用需求量将分别达到1452.3万吨、1726.8万吨以及1931.3万吨，大豆榨油需求量也将分别增加到6834.7万吨、8215.6万吨和10833.3万吨，中长期内大豆榨油需求在总需求中的比重略有提高，但由于大豆食用需求量和大豆种用需求量的持续增加，大豆消费结构将基本稳定。

国产大豆用于食用、进口大豆用于榨油的格局将长期不变。中国的粮食安全战略中要求中国粮食自给率要稳定在95%左右，其中稻谷、小麦保持自给，玉米保持基本自给。中国农业生产资源短缺，在保持谷物基本自给的情况下，油料产品和棉花等农产品的消费不可避免地要出现较大缺口，2010年，中国仅大豆进口就超过5000万吨，中长期内，这些农产品进口量急剧增加的趋势不会改变。中国进口的大豆绝大多数是转基因大豆，与国产大豆相比，进口大豆含油量相对较高，加上食品安全方面的考虑，更适宜于榨油；非转基因和蛋白含量高是国产大豆的两大优势，更适宜于食用消费，以国产大豆为原料加工的各类豆制品需求量将呈稳定增长趋势。基于以上考虑，国产大豆用于食用、进口大豆用于榨油的格局将长期不变。

第六节　本章小结

本章在对中国大豆消费现状和特征进行分析的基础上，研究大豆消费结构和影响因素，并构造大豆需求模型，利用相关统计数据，对大豆需求模型中的待定参数进行了估计，对中国2020年、2030年以及2050年大豆需求总量、食用需求量、榨油需求量以及种用需求量进行了预测。中长期内，中国大豆的需求量将超过稻谷和小麦，成为中国第二大粮食品种，主要结论如下。

第一，从20世纪90年代中期开始，中国大豆消费量快速增加，各种用途中增长速度最快的是大豆榨油消费。随着大豆消费量的增加，大豆消费结构也发生了明显的改变，大豆消费总量中食用消费所占比重大幅度下降，榨油比重大幅上升，且食用大豆主要来自国产大豆；大豆榨油则经历了以国产大豆为主要原料来源到以进口转基因大豆为主要来源的转变，大豆压榨企业多集中于沿海港口城市。大豆压榨工业主要产品为豆油和豆粕，豆油在中国植物油消费中占有重要地位，约占植物油消费的40%，豆粕是畜牧业优良的植物蛋白饲料来源。

第二，通过对大豆需求模型中参数的估计，发现影响中国城乡居民大豆食用需求的主要因素是收入和大豆价格，其中收入对大豆食用需求的影响较大，而价格对食用需求的影响相对较小。豆油价格和收入水平均会对城乡居民豆油需求数量产生较大影响，收入水平和豆油需求数量成正向变化，豆油价格和豆油需求数量成反向变化。豆粕需求量主要受中国居民人均收入、肉类产量以及豆粕价格共同影响，其中豆粕价格对豆粕需求量的影响较小。根据大豆种用量的历史变化趋势，今后大豆种用量还会有一定程度的增长。

第三，中长期内，受大豆榨油需求绝对数量快速增长的强力拉动，中国大豆需求总量将持续快速增长，由于大豆食用需求和大豆种用需求也呈增长趋势，因此大豆需求结构将长期稳定。鉴于中国的基本国情，中国将长期大量进口转基因大豆用于榨油工业，而国产大豆主要用于食用需求。

第十章 主要结论与政策启示

第一节 主要结论

一 有关中长期粮食需求总量

中长期内中国人口总量将呈倒"U"形变化，在较长时期内还处于净增长状态，虽然人口自然增长率较低，但由于人口基数巨大，因此人口增长的绝对数量不容忽视。城市化进程的加快，促使肉、蛋、奶等动物性食品消费快速增加，随着中国经济发展和居民收入水平的提高，食物消费结构不断升级，渐趋多元化。从世界粮食消费经验来看，人们膳食水平提高和消费结构变化的过程，伴随着粮食等农产品消费水平的提高，中长期内粮食需求总量将刚性增长。

随着城乡居民生活水平的不断提高，口粮消费将日趋求精，对粮食的营养化、健康化、多样化将有更高的要求，肉、蛋、奶等农产品消费的增长将会在更深层次上形成对口粮消费的替代，进一步降低粮食直接消费的比重。表10-1是S0方案下稻谷、玉米和小麦三大粮食品种未来需求量的模拟结果，通过对这些数据的分析，可以得出如下结论：从需求总量上看，对三大粮食品种的需求总量不断增长；从用途结构上看，中长期内中国居民口粮需求量将从目前的23785万吨，占三大粮食需求总量的56.4%，逐步下降到2020年的22356.1万吨、49.2%，2030年的20449万吨、42.8%，2050年的16981万吨、32.6%，口粮需求量和比重呈双重减少的趋势。饲料粮和工业用粮需求的数量和比重呈双重增加趋势，尤其是工业用粮需求，增长速度较快，占三大粮食需求总量的比重从目前的14.5%，增加到2020年的18.6%，2030年的23.6%，2050年的32.3%。21世纪中叶，中国三大粮食品种的口粮需求量、饲料用粮需求量和工业用粮需求量将基本均等；从品种结构上看，随着口粮需求比重的下降，主要用作口粮的稻谷、小麦需求在三大主要粮食品种需求中的比重将不断下降，从目前的68.1%逐步下降到2020年的56%，2030年的49.7%，2050年的39.4%，而玉米需求比重则快速上升。

表10-1　S0方案下三大粮食品种各用途需求数量和比重

单位：万吨，%

用途\品种	2020年三大粮食品种需求量						总量	比重
	稻谷	比重	小麦	比重	玉米	比重		
口粮	14459.8	90.37	6925.7	73.2	970.6	4.86	22356.1	49.2
饲料粮	987.8	6.17	993.4	10.5	11811.2	59.14	13792.4	30.4
工业用粮	446.9	2.79	1040.7	11.0	6958.1	34.84	8445.7	18.6
种子用粮	106.9	0.67	501.5	5.3	231.7	1.16	840.1	1.8
总量	16001.4	35.2	9461.3	20.8	19971.6	44.0	45434.3	100.0

用途\品种	2030年三大粮食品种需求量						总量	比重
	稻谷	比重	小麦	比重	玉米	比重		
口粮	12615.5	88.08	6685.4	70.9	1148.1	4.77	20449.0	42.8
饲料粮	796.4	5.56	1075.0	11.4	13379.5	55.59	15250.9	31.9
工业用粮	814.4	5.69	1188.1	12.6	9283.1	38.57	11285.6	23.6
种子用粮	96.4	0.67	480.9	5.1	257.5	1.07	834.8	1.7
总量	14322.7	30.0	9429.4	19.7	24068.2	50.3	47820.3	100.0

用途\品种	2050年三大粮食品种需求量						总量	比重
	稻谷	比重	小麦	比重	玉米	比重		
口粮	9750.7	85.52	5826.0	63.6	1404.3	4.45	16981.0	32.6
饲料粮	271.2	2.38	1364.9	14.9	15847.5	50.22	17483.6	33.5

续表

用途\品种	2050年三大粮食品种需求量						总量	比重
	稻谷	比重	小麦	比重	玉米	比重		
工业用粮	1303.8	11.44	1529.8	16.7	13995.2	44.35	16828.8	32.3
种子用粮	75.3	0.66	439.7	4.8	309.3	0.98	824.3	1.6
总量	11401.0	21.9	9160.4	17.6	31556.2	60.6	52117.6	100.0

本研究利用 GM（1，1）新陈代谢模型预测 2020 年、2030 年以及 2050 年中国粮食需求总量分别为 60254.65 万吨、67692.69 万吨和 84379.57 万吨，由本书的粮食定义可知，总需求量与四大主要粮食品种需求量之差主要为杂粮和薯类需求量（按 5∶1 的比率折算）。表 10-2 列出了各年不同方案下各粮食品种需求量，从表中数据来看，参考 2009 年其他品种粮食消费数据，2020 年和 2030 年其他品种粮食需求数据较为可信，尤其是 S0 方案和 S2 方案，而 2050 年三种方案下其他品种粮食需求量偏大，不太符合实际情况，这主要是由于随着预测期间的增大，预测误差往往会变大，并且我们利用 GM（1，1）新陈代谢模型进行预测的基期数据实际上是在人口持续增长的背景下得到的，

表 10-2 中国中长期各粮食品种需求量

单位：万吨

		稻谷	玉米	小麦	大豆	其他品种	总量
2009		18119	14714	10609	5615	3362.33	52419.33
2020	S0	16001.4	19971.6	9461.3	8477.4	6342.95	60254.65
	S1	14833.8	19146.3	8646.6	7805.5	9822.45	60254.65
	S2	16658.4	20684.8	10030	9105.1	3776.35	60254.65
2030	S0	14322.7	24068.2	9429.4	10076.6	9795.79	67692.69
	S1	13102.2	22790.3	8587.5	9335.2	13877.49	67692.69
	S2	15052.1	25498	9812.3	10802.5	6527.79	67692.69
2050	S0	11401.0	31556.2	9160.4	12954.9	19307.07	84379.57
	S1	10086.2	29452.4	8296.2	11572.1	24972.67	84379.57
	S2	12447.6	32898.9	9355.3	13933.2	15744.57	84379.57

而 2030 年后中国人口开始缓慢下降。因此，本研究中利用 GM（1，1）新陈代谢模型预测的 2050 年中国粮食需求总量偏高的可能性较大，从而导致了分品种预测和总量预测在预测值上的较大差距，但这不会影响我们对于中长期主要粮食品种需求结构和需求趋势的判断。

二 有关中长期稻谷需求

稻谷是中国重要的口粮品种之一，目前城乡居民的稻谷口粮需求收入弹性均为负数，随着收入的增加，城镇居民和农村居民的稻谷口粮需求均呈减少趋势；价格也是影响城乡居民口粮需求的因素，但城乡居民的稻谷口粮自价格弹性较低，城乡居民稻谷口粮需求受价格的影响较小，当小麦（面粉）价格升高时，稻谷（大米）口粮需求增加，稻谷、玉米的比价是影响稻谷饲料需求的主要因素，当稻谷价格升高时，稻谷工业需求量减少，随着经济发展和人均 GDP 的增加，稻谷工业需求呈增长趋势。

在中长期内，中国稻谷需求总量将持续下降。根据 S0 方案模拟结果，中国稻谷消费量将从目前的 1.8 亿吨左右持续下降到 2020 年的近 1.6 亿吨，2030 年的 1.4 亿吨和 2050 年的 1.1 亿吨。虽然需求总量呈现下降趋势，但稻谷依然是中国粮食口粮消费的主要来源，随着玉米、大豆等粮食品种需求量的增加，稻谷需求在粮食需求总量中的比重将不断下降，稻谷口粮需求在城乡居民口粮需求总量中的比重将保持在 60% 左右，依然是中国大多数人的重要口粮。从需求结构来看，稻谷口粮需求占稻谷需求总量的比重将缓慢下降，但中长期内仍然会保持在一个较高水平，依然保持在 80% 以上。稻谷饲用需求的数量和比重也会逐渐下降，而随着工业化进程的加快和农产品加工业的发展，中长期内稻谷工业需求的数量和比重将逐渐上升，但是稻谷需求结构中口粮需求占绝对大比重，稻谷饲料需求、工业需求和种用需求比重较小的局面难以发生根本改变。

优质、安全、营养将成为未来稻谷消费的主流，城乡居民的稻谷消费行为将完成从满足数量为主的温饱型向重视质量为主的营养型转变，稻谷需求结构也会发生相应的变化。优质米、营养强化米和专用米等各种工业化米制品的生产是稻谷加工的必然趋势，直链淀粉含量较高、口感较差的早籼米在米粉、糖浆、酿酒、速煮米、方便米饭、冷冻米饭等方面的加工优势将充分得到发挥，碎米、米糠、米胚、稻壳、稻草等稻谷加工所产生的副产品有望得到较大程度的综合利用。

三 有关中长期玉米需求

玉米是中国主要的饲料原料来源和重要的工业原料。对于人均玉米口粮需求，城市居民的收入需求弹性为正值，农村居民的收入需求弹性为负值，城乡居民的自价格弹性均为负值，但自价格弹性的绝对值较小，从与小麦（面粉）的交叉价格弹性来看，相对来说，农村居民的交叉价格弹性较大。玉米价格和中国肉类生产总量是玉米饲料需求量的主要决定因素。考虑到中国的基本国情，燃料乙醇玉米消费政策将长期趋紧，燃料乙醇玉米工业使用量将长期保持在目前的水平，随着经济的快速发展，非燃料乙醇玉米工业需求将持续增长。

中长期内，中国玉米需求总量将大幅上升，按 S0 方案的模拟结果，从目前的 1.5 亿吨左右快速增加到 2020 年、2030 年、2050 年的 19971.6 万吨、24068.2 万吨、31556.2 万吨，受玉米饲料需求和加工需求的强力拉动，玉米将成为中国需求量最大的粮食品种。玉米口粮需求绝对数量增加，但与玉米饲料需求和工业需求相比增速较慢，在玉米需求总量中的比重将呈缓慢减少趋势。从需求结构来看，中长期内饲料需求和工业消费需求在玉米需求中的比重将保持在 90% 以上，玉米工业需求在玉米需求总量中的比重呈不断上升的趋势。

玉米需求日趋专用化、多样化。由于饲料需求和工业消费需求在玉米需求总量中将长期占据主体地位，因此以饲料需求和工业加工需求为主的优质专用型玉米需求将改变玉米消费专用性差、品种区分度不高的局面。青贮玉米、优质高蛋白玉米以及高油玉米、高淀粉玉米在玉米需求中的比重将不断增加。随着人们生活水平和消费需求层次的提升，一些特色玉米品种，如彩色玉米、鲜食玉米、爆裂玉米将受到城乡居民的喜爱。

四 有关中长期小麦需求

小麦是中国北方居民的主要口粮品种，在口粮消费中大约占35%，在中国粮食安全战略中占有重要地位。城乡居民人均小麦口粮需求的自价格弹性均为负值，且农村居民自价格弹性的绝对值相对较高；从需求收入弹性上看，城乡居民的需求收入弹性均为负值，随着收入的增加，对小麦（面粉）的口粮需求减少；农村居民小麦口粮需求同稻谷的交叉价格弹性为正值，农村居民小麦口粮需求与稻谷口粮需求之间存在替代关系，对城镇居民来说大米价格的升高不会影响对面粉的口粮需求。小麦饲用需求则主要受玉米和小麦比价的影响，小麦工业需求则与小麦的价格和人均 GDP 有关，小麦种用需求量不断减少。

中长期内，小麦需求总量持续下降，但趋向平稳。按照 S0 方案的模拟结果，小麦需求量从目前的 10609 万吨，小幅减少到 2020 年的 9461.3 万吨、2030 年的 9429.4 万吨、2050 年的 9160.4 万吨。小麦的口粮需求数量和比重均呈现递减的趋势，口粮需求在小麦需求总量中的比重将由目前的 75.9% 持续下降到 21 世纪中叶的 63.6%。小麦饲用需求和工业需求将成为小麦需求的主要增长点。

随着经济社会的发展和人们饮食习惯的改变，人们直接购买面粉的数量将逐步减少，购买各种方便食品、面包和糕点的数量会日益增多，从而引发强筋小麦、弱筋小麦等各类优质小麦需求量的增加，促使小麦需求专用化趋势的增强。由于人们生活水平的提高，对小麦需求将更加注重品质，对新型、美味、营养、可口的方便面制食品需求量将增大，小麦需求专用化趋势亦将增强。

五 有关中长期大豆需求

大豆不仅是重要的植物油和蛋白食品生产原料，还是畜牧业重要的蛋白饲料来源。收入和价格是影响中国城乡居民大豆食用需求的主要因素，需求收入弹性为正，城乡居民的需求收入弹性均比较大，需求价格弹性为负，其绝对值较小，对人均豆油需求、城乡居民的收入水平和豆油价格均会产生较大影响。豆粕需求量主要受中国居民人均收入、肉类产量以及豆粕价格共同影响，其中豆粕价格对豆粕需求量的影响较小。今后大豆种用需求还会有一定程度的增长。

中长期内，中国大豆需求总量将持续快速增长。按照我们基准方案的模拟结果，中国大豆的需求量将从目前的6000万吨左右，持续增长到2020年的8477.4万吨、2030年的10076.6万吨、2050年的12954.9万吨，到21世纪中叶，大豆国内需求量将居中国主要粮食品种的第二位。随着城乡居民收入的增加以及生活水平的改善，人均肉蛋奶和植物油消费将有较大幅度的增长，从而推动饲料工业、畜牧业和油脂工业的快速发展，大豆榨油需求增长将是大豆需求增长的主体。由于大豆食用需求量和大豆种用需求量的持续增加，大豆消费需求结构基本稳定。

国产大豆用于食用、进口大豆用于榨油的格局将长期不变。鉴于中国保持稻谷、小麦自给，玉米基本自给的粮食安全战略以及国内农业生产的资源约束的基本国情，中长期内大豆进口量继续快速增加的趋势不会改变。由于进口大豆多为转基因大豆，含油量相对较高，因此将会是大豆榨油需求的主要原料来源；而国产大豆非转基因和蛋白质含量较高的特点，使其更适于食用和豆制品食品加工，将主要满足城乡居民的食用需求。

第二节 政策建议

从对中国粮食总量和四种主要粮食品种中长期需求趋势分析来看，随着中国经济社会发展和人们生活水平的提高，从现在起到21世纪中叶，中国粮食需求总量将刚性增长，对粮食品质有了更高的要求，粮食需求的品种结构和用途结构将会发生较大的变化，不同粮食品种的需求状况存在较大差异。其中，粮食品种需求数量次序将从目前的稻谷、小麦、玉米、大豆变化为玉米、大豆、稻谷、小麦；粮食需求类别将从目前的口粮需求最大、饲用需求次之、工业需求较小转变为三者基本均衡，而中长期内不同粮食品种的具体需求情况也将发生一定的变化。因此，中国迫切需要制定相关政策措施缓解中国中长期粮食需求数量和质量的双重压力，满足城乡居民粮食需求结构不断优化和升级的要求。基于上述考虑，本研究提出如下政策建议。

一 积极引导科学合理的粮食消费

第一，提倡科学健康的食物消费模式。由于食物消费模式不同，亚洲地区国家和欧美国家的粮食消费量有很大的差异。从国际经验来看，欧美国家的食物消费结构具有高能量、高脂肪、高蛋白等特征，对肉、蛋、奶和植物油消费比重较高，对谷物消费比重较低；而亚洲国家食物消费中肉、蛋、奶和植物油的比重较低，谷物消费比重较高。目前，中国城乡居民的食物消费结构中热量、蛋白质和脂肪的年人均消费量已经基本达到发达国家的消费水平，但在肉类、奶类和植物油消费方面与欧美国家还有较大的差距。随着中国经济发展水平和人们消费水平的提高，中国食物消费结构中谷物消费的比重将继续下降，肉、蛋、奶和植物油消费的比重会持续提高，但西方发达国家高热量、高脂肪、高蛋白的食物消费结构，不利于膳食平衡和身体健康，中国的食物消费应提倡和推广植物性食物为主、动物性食物为辅，"中热量、高蛋白、低脂肪"的食物消费模式。

第二，多方开辟和合理利用饲料资源。随着城乡居民动物性食品消费的快速增长，中长期内，中国饲料粮消费呈现刚性增长趋势。饲料要求高产化、高蛋白和高能量，口粮要求精细化和多样化，但是长期以来中国饲粮不分，没有专门的饲料粮，用适于食用的粮食做饲料原料，造成了极大浪费，因此应合理调整种植结构，逐步扩大高效饲料作物种植。中国耗粮型的猪肉和禽肉生产在畜牧业生产中占较大比重，而节粮型的牛羊养殖比重较低，与国外畜牧业生产相比单位肉类生产要投入更多粮食，中长期内，要加强对北方天然草原的保护和改良，同时加快南方草地资源的开发，大力发展节粮型畜禽，转变饲养方式，提高饲料转化率。要充分利用饼粕、糠麸、糟渣、秸秆等为原料制作混合饲料，缓解饲料对粮食需求的压力。

第三，完善粮食加工体系，促进粮食资源精深加工和综合利用，拉长粮食产业链。大力发展食品加工业，引导粮食加工企业向规模化、集约化发展。树立质量意识和品牌意识，鼓励粮食加工企业和粮农结成互利共赢的共同体，打造从农田到餐桌的粮食产业链，按照安全、营养、优质、方便的要求，推进主食工业化生产，利用高新技术对粮食加工所产生的副产品再进行加工提炼，使粮食资源得到有效利用。按照建设资源节约型社会的要求，加强粮食安全宣传，形成全社会爱惜粮食、反对浪费的良好风气。

第四，始终坚持走"不与人争粮、不与粮争地、不与畜争料"的具有中国特色的生物能源发展道路。发展生物能源，是缓解能源供求矛盾和生态环境恶化的有效途径之一。中国粮食安全的压力长期存在，确保国家粮食安全和农产品的有效供给是中国农业生产的首要任务，基本国情决定了中国不能以牺牲粮食安全为代价来发展生物能源。要严格控制利用玉米、油料等作物来制作生物质原料，在保证国家粮食安全的前提下，充分利用不宜种植粮食作物的荒山、废弃地种植甜高粱、木薯、甘蔗等非粮生物能源原料。要综合利用农作物秸秆、禽畜粪便、生活垃圾、废弃物等现有生物资源，提高能源利用效率。

二　不断加强粮食综合生产能力建设

第一，加强耕地保护，合理利用水资源。中国粮食供求长期处于紧平衡状态，粮食消费总量呈刚性增长趋势，要提高粮食供给水平，一方面要努力挖掘粮食作物单产潜力，另一方面要保证耕地面积。中国人多地少，人地矛盾突出，城市化水平较低，随着社会经济发展，人口增长，城市化、工业化进程的加速推进，耕地减少难以避免。因此必须继续采取最严格的耕地保护措施和最严格的节约用地制度，严格控制非农建设用地规模，坚守耕地18亿公顷红线，切实遏制耕地过快减少的势头；提高土地集约利用水平，进一步实施沃土工程、测土配方施肥工程，提高耕地质量；尊重农民意愿，加强土地流转管理和服务，稳步推进土地承包经营权流转，有效解决土地抛荒和粗放经营等问题，鼓励和发展以种植粮食为主的土地规模流转，推动粮食产区的土地流转和规模经营，实现粮食生产规模效益。中国水资源总量丰富，但人均占有量很低，时空分布很不均衡。水资源的利用要合理开发、高效利用、科学管理。农业用水要力争实现总量控制和定额管理，加强节水农业技术的研究，加大对农田水利工程设施的投资力度，不断提高水资源利用的效率和效益，满足粮食生产可持续发展的需要。

第二，大力加强农业科技研究与推广，不断提高农民素质。在耕地面积难以增加的情况下，要保障中国粮食的有效供给，只有依靠农业科学技术的不断进步，努力提高单产水平。中国要不断加强生物育种的研发能力，努力培育高产优质粮食品种，高效利用农业资源。要继续加大对农业科技推广工作的支持力度，彻底扭转农业推广体系"线断、网破、人散"的局面，加强对基层科技人员的培训，使先进的农业科学技术和研究成果能够迅速应用到农业生产实践。农民是粮食生产者，要努力提高农民的文化素养和能力水平，进一步拓宽农民视野，促使农民掌握农业科研新技术和新成果，提高农民科学种粮技能；采取有效措施，鼓励高校涉农专业毕业生到基层农技推广机构工作，稳定和壮大农业科技教育培训后备人才队伍，不断提高中国粮食综合生产能力。

第三，进一步完善农业补贴制度，加强粮食市场宏观调控，有效保护农民种粮利益和种粮积极性。粮食供给问题，实际上是农民的生产积极性问题，保护农民积极性是提高粮食综合生产能力的关键（梁世夫，2008）。目前中国农民种粮的比较收益依然偏低，因此要扩大范围，提高标准，完善办法，进一步完善农业补贴制度。逐年较大幅度增加农民种粮补贴。不断加大对种粮农民的直接补贴、良种补贴和农机具购置补贴，并且加大新增补贴适当向种粮大户、种粮大县的倾斜力度。进一步落实和完善与农业生产资料价格上涨挂钩的农资综合补贴动态调整机制。健全农产品价格保护制度，稳步提高粮食最低收购价，加快完善农产品市场调控体系，采取得当的宏观调控措施，保障粮食市场稳定，保持粮食价格合理。

三 确保国家口粮安全，不断优化和调整粮食品种结构

第一，优先抓好稻谷、小麦等口粮作物的生产，重点发展优质粮食品种，优化粮食生产结构。中长期内，中国主要粮食品种需求结构中，稻谷、小麦需求比重将持续下降，玉米、大豆需求比重将不断上升，同时口粮需求对于精细化、品质和花色品种有了更高的要求。目前，中国口粮直接消费占粮食消费总量的50%以上，中长期内持续下降，但粮食口粮需求占粮食需求总量的比例依然较高，粮食消费的替代性较差，一旦国内出现粮食危机，粮价飞涨，将对城市中低收入家庭的基本生活造成重大影响，应采取各种有效措施，特别是继续利用经济杠杆稳定口粮作物的生产。

第二，不断提高粮食品质，增加专用粮特别是市场需求较大的品种，满足人们对于粮食精细化、营养化、多样化等需求。对于稻谷生产，要扶持和稳定东北地区粳稻生产，恢复推动南方地区稻谷生产，促

进浙江、上海等南方地区"北粳南引"进程的加快,发展高产量、高蛋白质的优质食用稻,适度发展具有食品加工优势的早籼稻。对于小麦生产,要适度压缩适用于面条、馒头加工的中筋小麦品种,提高适用于面包加工的强筋小麦和适用于饼干糕点加工的弱筋小麦的比例,大幅提高优质专用小麦品种的品质。对于玉米生产,要按照城乡居民的食用需求和畜牧业、粮食加工业需求调整种植结构,发展优质专用型玉米,发展高淀粉、高油、高糖等专用型玉米和甜玉米、糯玉米、爆裂玉米等特色玉米品种。对于大豆生产,要加强品种改良,努力推广高油大豆和高蛋白大豆,统筹食用大豆和油用大豆协调发展,提高大豆自给率。

四 整合优化粮食流通资源,提高粮食流通效率

随着中国粮食生产重心北移,中国粮食产销格局已经从"南粮北运"转变为"北粮南调",粮食品种的区域流动十分复杂,中长期内这种局面将长期存在。确保国家和区域的粮食需求,必须整合优化粮食流通资源,尽快建成现代粮食流通系统,按照现代物流理念,采取现代化手段提高粮食流通效率。采用全球定位系统、地理信息系统等技术,利用电子商务系统、物流配送调度系统,努力突破体制障碍,实现粮食流通有效整合、无缝连接,打破时间和地域制约,大幅降低交易成本,实现粮食行业信息资源共享,促进国内粮油产品的顺畅流通和粮食市场竞争的公平、公开、公正,优质、高效、便捷地实现粮食在各区域间的流通,减少粮食运输损耗,减少流通环节,提高流通效率。

五 努力提高统筹国际国内农业两种资源、两种市场的能力,积极实施海外农业资源利用战略

中长期内,随着中国人口快速增长,城市化、工业化进程不断加快,对农产品的需求急剧增加,而经济增长则会加重水资源和土地资源对于农业生产的资源约束。中国农产品供给压力不断增大。中国粮食安

全战略坚持立足国内基本自给,《国家粮食安全中长期规划纲要》要求中国粮食自给率稳定在95%左右,其中稻谷、小麦保持自给,玉米保持基本自给。中国农业资源短缺,在保证谷物基本自给的前提下,油料产品和棉花等农产品的消费将会出现较大缺口,2009年,中国进口4255万吨大豆、816万吨食用植物油,按照国内目前的生产水平估算,仅这两个品种就至少相当于利用了其他国家0.373亿公顷以上的播种面积(陈锡文,2010),在未来相当长的时间内,这些农产品进口量急剧增加的趋势不会改变。在这种情况下,中国必须充分利用国外资源和国际市场。通过发展稳定的农产品国际贸易、兴建农业生产基地、投资境外农产品加工产业等方式实施海外农业资源利用战略,对缓解中国资源紧缺、保障中长期的粮食消费需求具有长远的战略意义。

参考文献

〔美〕布拉德利·希勒:《经济学基础》,人民邮电出版社,2004。

蔡承智、陈阜:《中国粮食安全预测及对策》,《农业经济问题》2004年第4期。

陈锡康、潘晓明:《不但不会构成威胁还会做出更大贡献——21世纪中国人均粮食需求量分析与预测》,《科学决策》1997年第1期。

陈锡文:《当前农业和农村形势与"三农"面临的挑战》,《中国农村经济》2010年第1期。

陈先枢:《中国粮食消费需求预测》,《消费经济》1998年第1期。

陈亚军:《中国粮食需求的中长期趋势与政策导向》,《宏观经济研究》1999年第12期。

陈永福:《中国食物供求与预测》,中国农业出版社,2004。

程国强、陈良彪:《中国粮食需求的长期趋势》,《中国农村观察》1998年第3期。

程国强、周应华、王济民等:《中国饲料供给与需求的估计》,《农业经济问题》1997年第5期。

丁声俊:《客观认识发展生物质能源危及粮食安全问题》,《中国粮食研究》2010年第2期。

国家人口计生委办公厅:《2009年全国人口和计划生育事业发展公报》,http://www.cpirc.org.cn/tjsj/tjsj_cy_detail.asp?id=12224,最后访问日期:2010年12月6日。

樊胜根、〔美〕莫塞迪塔·索姆比拉:《中国未来粮食供求预测的差别》,《中国农村经济》1997年第3期。

联合国粮农组织:《2010年世界粮食不安全状况》,http://www.fao.org/docrep/013/i1683c/i1683c00.htm,最后访问日期:2011年3月2日。

高鸿业:《西方经济学》(上册,微观部分),中国经济出版社,1996。

顾尧臣:《韩国有关粮食生产、贸易、加工、综合利用和消费情况》,《粮食与饲料工业》2007年第8期。

国家发改委产业经济研究所课题组:《中国中长期粮食安全若干重大问题研究综述》,《经济研究参考》2006年第73期。

国家发展和改革委员会:《生物燃料乙醇以及车用乙醇汽油"十一五"发展专项规划》,http://www.ndrc.gov.cn/gzdt/t20061123_94889.htm,最后访问日期:2011年2月12日。

国家统计局:《2009年国民经济和社会发展统计公报》,http://www.gov.cn/gzdt/2010-02/25/content_1541240.htm,最后访问日期:2010年12月5日。

国家统计局:历年《中国统计年鉴》,中国统计出版社。

国家统计局:《国家粮食安全中长期规划纲要(2008—2020年)》,http://www.gov.cn/jrzg/2008-11/13/content_1148414.htm,最后访问日期:2011年2月1日。

国家统计局农村社会经济调查司:《2009年农民工监测调查报告》,http://www.stats.gov.cn/was40/gjtjj_outline.jsp,最后访问日期:2010年11月23日。

郭书田:《中国粮食形势与实现供求动态平衡的对策》,《中国软科学》1997年第8期。

韩俊:《多少粮食才安全》,《瞭望》2005年第27期。

韩俊、谢扬、肖俊彦等:《中国粮食消费需求分析与政策建议》,《中国发展评论》2005年第5期。

韩一军:《近年来国内外粮食供求变化及未来展望》,《农业展望》

2008年第1期。

贺晓丽：《中国城乡居民食品消费差异现状分析》，《农业经济问题》2001年第5期。

黄季焜：《社会发展、城市化和食物消费》，《中国社会科学》1999年第4期。

黄季焜：《收入增长与农村稻米消费行为的演变》，《农业技术经济》1994年第8期。

黄季焜：《中国农业的过去和未来》，《管理世界》2004年第3期。

黄季焜、〔美〕斯·罗泽尔：《迈向21世纪的中国粮食经济》，中国农业出版社，1998。

黄季焜、Scott Rozelle、Mark Rosegrant：《二十一世纪中国的粮食问题》，《中国农村观察》1996年第1期。

黄佩民、俞家宝：《2000—2030年中国粮食供需平衡及其对策研究》，《农业经济问题》1997年第3期。

胡鞍钢：《中国中长期人口综合发展战略（2000—2050）》，《清华大学学报》（哲学社会科学版）2007年第5期。

姜长云：《2020年前中国粮食供求平衡状况展望》，《科学决策月刊》2006年第1期。

姜风、孙瑾：《对当前中国粮食需求的中长期预测方法研究》，《经济与管理研究》2007年第9期。

蒋乃华：《全国及分省肉类产品统计数据调整的理论和方法》，《农业技术经济》2002年第6期。

蒋乃华、辛贤、尹坚：《中国城乡居民畜产品消费的影响因素分析》，《中国农村经济》2002年第12期。

降蕴彰、马健：《稻米隐忧》，《农经》2010年第2期。

〔美〕坎贝尔·麦克康耐尔等：《经济学》，北京大学出版社，2000。

康晓光：《2000～2050：中国粮食国际贸易及其全球影响》，《战略与管理》1996年第4期。

克劳德·奥伯特:《中国的食品消费和生产:一些有根据的推测》,《中国农村经济》1999年第12期。

孔祥智:《中国粮食供给:回顾与展望》,《中国粮食经济》1998年第11期。

〔美〕莱斯特·布朗:《谁来养活中国?》,《中国农村经济》1995年第4期。

兰玉洁:《中国粮食供求状况预测与系统分析》,《数量经济技术与经济研究》1998年第12期。

李成贵:《中国粮食消费:数据及有关问题的思考》,《中国农村经济》2000年第9期。

李道亮、傅泽田:《中国粮食供求的基本特征与态势》,《中国农业大学学报》1998年第3期。

李经谋:《2009年中国粮食市场发展报告》,中国财政经济出版社,2009。

联合国粮农组织:《2009~2010粮农组织在工作》,http://www.fao.org/index_zh.htm,最后访问日期:2011年2月5日。

梁世夫、王雅鹏:《中国粮食安全政策的变迁与路径选择》,《农业现代化研究》2008年第1期。

梁书民、孙庆珍:《中国食物消费与供给中长期预测》,《中国食物与营养》2006年第2期。

廖永松、黄季焜:《21世纪全国及九大流域片粮食需求预测分析》,《南水北调与水利科技》2004年第1期。

廖永松:《全球小麦供求和贸易形势分析及预测》,《中国粮食经济》2009年第6期。

林毅夫、陈锡文、梅方权等:《中国粮食前景与战略》,《中国农村经济》1995年第8期。

刘日红、宋英杰:《世界粮食供求变化及长期走势分析》,《国际农产品贸易》2009年第2期。

刘巽浩、胡跃高、陈阜：《粮食——中国农业永恒难题与主题》，《农业现代化研究》2010年第7期。

刘志澄：《中国粮食之研究》，中国农业科技出版社，1989。

刘志仁：《关于"布朗旋风"及中国粮食战略的选择》，《改革》1996年第2期。

娄源功：《WTO框架下中国小麦供求平衡及发展趋势研究》，《农业技术经济》2002年第6期。

卢峰：《中国若干农产品产消量数据不一致及产量统计失真问题》，《中国农村经济》1998年第10期。

陆伟国：《中国粮食消费量中长期预测模型研究》，《统计研究》1996年第4期。

陆伟国：《中国粮食生产、消费、储备中长期预测模型》，《数量经济技术经济研究》1996年第11期。

陆文聪、黄祖辉：《中国粮食供求变化趋势预测：基于区域化市场均衡模型》，《经济研究》2004年第8期。

陆文聪：《对中国主要农产品产需变化趋势的基本判断及政策启示》，《中国农村经济》2004年第2期。

吕新业、王济民：《中国粮食供需预测》，《农业现代化研究》1997年第2期。

吕新业、王济民：《中国粮食安全预警机制研究》，《经济研究参考》2004年第5期。

罗良国、李宁辉、杨建仓：《中国粮食供求状况分析》，《农业经济问题》2005年第2期。

马恒运：《在外饮食、畜产品需求和食品消费方式变化研究》，博士学位论文，中国农业科学院，2000，http://kns.cnki.net/kns/brief/default_result.aspx。

马晓河：《中国中长期粮食供求状况分析及对策思路》，《管理世界》1997年第3期。

马晓河、蓝海涛：《中国粮食综合生产能力与粮食安全》，经济科学出版社，2008。

〔美〕迈克尔·帕金：《经济学》，人民邮电出版社，2003。

〔美〕曼昆：《经济学原理》，北京大学出版社，1999。

〔美〕曼斯菲尔德：《微观经济学》，中国人民大学出版社，2000。

梅方权：《21世纪前期中国粮食发展分析》，《中国软科学》1995年第11期。

梅方权：《中国粮食供需前景》，《中国农村经济》1995年第8期。

梅方权：《21世纪前期中国粮食发展分析报告》，《中国食物与营养》1996年第2期。

梅方权：《2020年中国粮食的发展目标分析》，《中国食物与营养》2009年第2期。

梅燕：《中国粮食供求区域均衡变化研究：模型构建与模拟分析》，博士学位论文，浙江大学，2008。http://kns.cnki.net/kns/brief/default_result.aspx。

Melissa Alexander：《韩国粮食消费和制粉简况》，《面粉通讯》2005年第2期。

聂振邦：《2004中国粮食发展报告》，经济管理出版社，2004。

聂振邦：《2005中国粮食发展报告》，经济管理出版社，2005。

聂振邦：《2006中国粮食发展报告》，经济管理出版社，2006。

聂振邦：《2007中国粮食发展报告》，经济管理出版社，2007。

聂振邦：《2008中国粮食发展报告》，经济管理出版社，2008。

聂振邦：《2009中国粮食发展报告》，经济管理出版社，2009。

聂振邦：《2009中国粮食年鉴》，经济管理出版社，2009。

聂振邦：《2010中国粮食发展报告》，经济管理出版社，2010。

聂振邦：《2010中国粮食年鉴》，经济管理出版社，2010。

农业部软科学委员会：《粮食安全问题》，中国农业出版社，2001。

〔美〕N·亚历山德拉托斯：《从全球角度看对中国未来粮食短缺的

预测——评莱斯特·布朗的著作〈谁来养活中国〉》,《中国农村经济》1996年第4期。

石扬令、常平凡:《中国食物消费分析与预测》,中国农业出版社,2004。

〔美〕斯蒂格利茨:《经济学》,中国人民大学出版社,2002。

〔美〕斯坦利·费希尔等:《经济学》,中国财政经济出版社,2000。

速水佑次郎、神门善久:《农业经济论(新版)》,中国农业出版社,2003。

田维明、周章跃等:《中国饲料粮市场供给需求与贸易发展》,中国农业出版社,2007。

王川、李志强:《不同区域粮食消费需求现状与预测》,《中国食物与营养》2007年第6期。

王莉、胡胜德:《中国玉米深加工面临的问题及对策研究》,《经济纵横》2008年第10期。

魏方、纪飞峰:《中国粮食生产与消费中长期情景预测及政策建议》,《中国科技论坛》2010年第2期。

徐国祥:《统计预测和决策》,上海财经大学出版社,2005。

尹成杰:《粮安天下——全球粮食危机与中国粮食安全》,中国经济出版社,2009。

一德期货:《优质强筋小麦的用途和主要消费地区》,http://news.u88.cn/zx/shipinzixun_mimianlei/789532.htm,最后访问日期:2011年3月22日。

D. 盖尔·约翰逊:《中国将使世界挨饿吗?——谈中国未来的粮食供给》,《中国农村经济》1995年第7期。

张帆:《中国的粮食消费与需求》,《管理世界》1998年第4期。

张桐:《中国粮食供需前景与结构优化》,《中国农业资源与区划》1998年第6期。

张笑涓、曲长祥:《21世纪中国粮食消费的新趋势》,《农业经济问题》1997 年第 6 期。

钟甫宁：《关于肉类生产统计数字中的水分及其原因的分析》，《中国农村经济》1997 年第 10 期。

中国粮食研究培训中心：《中国粮食安全发展战略与对策》，中国科学出版社，2009。

《中国农村经济》编辑部：《对〈谁来养活中国〉一文的不同看法》，《中国农村经济》1995 年第 5 期。

中国农业科学院研究生院：《稻米质量安全与 HACCP》，中国农业科学技术出版社，2008。

中国人口与发展研究中心：《2009 年全国人口和计划生育事业发展公报》，www.cpirc.org.cn，最后访问日期：2010 年 12 月 8 日。

中国社会科学院经济学部课题组：《对中国工业化进程的基本认识》，《中国党政干部论坛》2008 年第 2 期。

周曙东、崔奇峰、吴强：《美国发展生物质能源对国际市场玉米价格、贸易与生产格局的影响——基于 CGE 的模拟分析》，《中国农村经济》2009 年第 1 期。

朱杰、聂振邦、马晓河：《21 世纪中国粮食问题》，中国农业出版社，1999。

朱希刚：《中国粮食供需平衡分析》，《农业经济问题》2004 年第 12 期。

朱希刚、冯海发：《"九五"及 2010 年中国农业发展目标测算》，《中国农村经济》1995 年第 7 期。

朱希刚：《跨世纪的探索：中国粮食问题研究》，中国农业出版社，1997。

朱希刚、山下宪博等：《中国的稻米生产和一体化经营》，中国农业科学技术出版社，2004。

〔美〕左天觉、何康：《透视中国农业》，中国农业大学出版社，2004。

Aders on, W. and Thomas, J. , "Identifying the Convenience Oriented

Consumer," *Journal of Marketing Research* 8 (1971).

Andersen, P. P., Lorch, R. P. and Rosegrant, M. W., "World Food Prospects: Critical Issues for The Early Twenty-first Century," International Food Policy Research Institute, October, 1999.

Delgado, C., Rosegrant, M., Steinfeld, H., et al. "Livestock to 2020. The Next Food Revolution. Food," Agriculture and the Environment Discussion Paper No. 28. International Food Policy Research Institute, International Livestock Research Intitute, 1999.

Duesenberry, J. S., *Income, Saving and the Theory of Consumer Behavior* (Harvard University Press, 1949).

Fan, F. and Agcaoili-Sombilla, M., "Why Do Projections on China's Food Supply and Demand Differ?" *EPTD Discussion Paper*, No. 22, IFPRI, 1997.

FAO, "State of Food Insecurity in the World 2008, High Food Prices and Food Security-Threats and Opportunities," 2009.

FAO, "State of Food Insecurity in the World 2009, Economic Crises-Impacts and Lessons Learned," 2010.

FAO, "Food and Agriculture Organization of the United Nations. World agriculture: towards 2015/2030," Summary Report. Rome, 2002.

Friedman, M. A., *Theory of Consumption Function* (Princeton: Princeton University Press, 1957).

Fuller, F., Hayes, D. and Smith, D., "Reconciling Chinese Meat Production and Consumption Date," Presented for Food Markets in China-New Looks and Deeper Understanding. Proceedings of WCC – 101, 1998.

Fuller, F., Hayes, D. and Smith, D., *Reconciling Chinese Meat Production and Consumption Data*, Working Paper 99 – WP210, Februray 1999, Center for Agricultural and Rural Development, Iowa State University, Ames, 1999.

Goulda, B. W. and Villarrealb, H. J., "An Assessment of the Current Structure of Food Demand in Urban China," *Agricultural Economics* 34, (2006).

Huan, J. and Bouis, H., "Structural Changes in the Demand for Food in Asia: Empirical Evidence from Taiwan," *Agricultural Economics* 26, (2001).

International Monetary Fund, "Entire World Economic Outlook database April 2010," http://www.imf.org/external/pubs/ft/weo/2010/01/weodata/download.aspx, 最后访问日期：2011年2月10日。

Ishida, A., Law, S. H. and Yoshihisa, A., "Changes in Food Consumption Expenditure in Malaysia," *Agribusiness* 19, (2003).

Keynes, J. M., *The General Theory of Employment, Interest and Money* (London: Macmillan ST. Martin's Press, 1936).

LaFrance, J. T., "The Structure of US Food Demand," *Journal of Econometrics* 147, (2008).

Laura, Y. and Venkatesh, A., "Toward the Construct of Convenience in Consumer Research", *Advances in Consumer Research* 13, (1986).

Modigliani, F., "The Life-Cycle Hypothesis of Saving, the Demand for Wealth and the Supply of Capital", *Social Research* 33, (1966).

Morganosky michelle, "Cost-Versus Convenience-Oriented Consumers: Demographic, Lifestyle, and Value Perspectives," *Psychology and Marketing* 3, (1986).

"Urbanization Prospects: The 2009 Revision," http://esa.un.org/wup2009/unup/, Sunday, March 20, 2011; 11: 51: 57 AM.

"Population Division of the Department of Economic and Social Affairs of the United Nations Secretariat," World Population Prospects: The 2008 Revision and World Urbanization Prospects: The 2009 Revision, http://esa.un.org/wup2009/unup/, Friday, September 24, 2010; 4: 06: 51 AM.

Rae, A. N., "The Effects of Expenditure Growth and Urbanization on Food Consumption in East Asia: A note on Animal Products," *Agricultural Economics* 18 (1998).

Rosegrant, M. W., Agcaoili-Sombilla, M. and Perez, N., "Global Food Projections to 2020: Implications for Investment," (New York: Internal Food Poficy Research Institute, 1995).

Rosegrant, M. W., Cai, X. and Cline, S. A., "World Water and Food to 2025: Dealing with Scarcity," (Washington, D. C.: International Food Policy Research Institute, 2002).

Rosegrant, M. W., Paisner, M. S. and S. Meijer, et al., "2020 Global Food Outlook. Trends, Alternatives, and Choices," (Washington D. C.: International Food Policy Research Institute. August, 2001).

Shoichi Ito, E. W F. Peterson, and Warren R. Grant, "Rice in Asia: Is It Becoming an Inferior Good?" *American Journal of Agricultural Economics* 71, 1989.

Tian, W., Agricultural Development in China (Paper presented to First International Seminar of the ALARN Network, Congresso Brasileiro de Agribusiness and Institute for International Trade Negotiations, Sao Paulo, Brazil, August 2007).

Zhang, Xiaoyong, "A Comparative Study of Projection Models on China's Food Economy," *Journal of Peasant Studies* 30, (2003).

附　表

附表1　中国粮食需求预测的以往预测结果

单位：亿吨

预测者	年　份	2020	2030
布朗	1994	5.582	6.496
陈锡康	1995 高	7	7.8
	1995 低	6.75	7.25
丁声俊	1996	—	6.4
梅方权	1996	6.93	7.34
	2009	5.6	—
康晓光	1996	6.11	7.05
陆伟国	1996	6.603	—
美国农业部	1997	5.631	—
IMPACT	1997	4.9	—
黄佩民等	1997	6.18	6.82
张笑涓	1997	6.16	6.52
朱希刚	1997	—	5.70
	2004	小于6	—
兰玉洁	1998	6.8242	7.842
孔祥智	1998	—	6.5~7.5
张桐	1998	6.15	6.72
程国强	1998	—	不超过6.4
朱杰等	1999		7.258
李成贵	2000	6.176	6.818

续表

预测者	年份	2020	2030
陈永福	2004	5.05	—
邓亦武	2004	—	7.04
高启杰	2004	5.95	
黄季焜	2004	6.6	6.88
梁书民	2006	6.3888	
姜长云	2006	5.9961	—
国家发改委	2008	5.725	
马晓河等	2008	6.17	—

附表2 美国历年主要食品的人均消费量（1984~2009）

单位：千克

年份	小麦	玉米	大米	牛肉	猪肉	禽肉	羊肉	奶制品	植物油
1984	74.39	11.48	8.02	34.07	23.22	26.21	0.67	13.59	21.10
1985	76.27	14.49	8.63	34.39	23.33	27.11	0.65	14.48	21.78
1986	79.69	12.23	10.09	34.14	22.02	28.29	0.62	14.26	22.71
1987	79.74	12.84	10.32	33.18	22.08	30.46	0.59	14.84	22.76
1988	79.37	14.21	10.47	32.74	23.53	31.49	0.62	14.12	22.10
1989	80.93	15.18	10.30	31.12	23.38	33.27	0.61	13.87	24.81
1990	84.34	15.31	11.30	30.34	22.25	34.69	0.62	14.43	27.74
1991	83.31	18.26	11.67	30.06	22.50	36.05	0.61	14.59	29.04
1992	87.06	18.57	11.44	29.89	23.69	37.36	0.59	15.49	29.51
1993	89.82	18.24	11.99	29.20	23.33	37.93	0.58	15.38	29.68
1994	86.84	19.14	11.99	30.18	23.60	38.45	0.52	16.14	29.16
1995	88.78	19.79	12.20	30.33	23.23	38.26	0.51	15.79	29.66
1996	88.45	20.84	11.70	30.40	21.68	38.98	0.49	15.92	31.21
1997	89.63	20.43	11.82	29.68	21.44	39.20	0.48	15.77	32.48
1998	88.11	20.30	12.80	30.01	23.05	39.51	0.51	16.06	32.95
1999	88.84	19.92	13.53	30.32	23.57	41.90	0.50	16.51	33.57
2000	89.79	19.90	12.89	30.40	22.92	42.31	0.49	16.72	34.07
2001	86.84	19.57	13.38	29.71	22.48	42.28	0.50	16.99	34.97
2002	85.03	19.71	12.18	30.33	23.04	44.54	0.52	17.37	33.44

续表

年份	谷物 小麦	谷物 玉米	谷物 大米	肉类 牛肉	肉类 猪肉	肉类 禽肉	肉类 羊肉	奶制品	植物油
2003	83.58	19.58	12.22	29.09	23.16	44.54	0.49	17.90	33.76
2004	82.57	19.44	12.93	29.58	22.94	45.45	0.48	18.15	35.04
2005	82.28	19.32	12.53	29.28	22.34	46.08	0.46	18.29	36.39
2006	83.51	20.18	13.23	29.39	22.05	46.29	0.46	17.01	36.07
2007	83.59	18.87	13.03	29.12	22.66	45.55	0.49	18.16	36.57
2008	80.95	19.36	13.01	27.95	22.06	44.78	0.45	18.31	31.35
2009	81.30	18.77	12.99	27.31	22.23	42.78	0.45	19.87	34.99

资料来源：http://stats.oecd.org/Index.aspx? DataSetCode = HIGH_AGLINK_2010。

附表3 欧盟历年主要食品的人均消费量（2000~2009）

单位：千克

年份	谷物 小麦	谷物 玉米	谷物 大米	肉类 牛肉	肉类 猪肉	肉类 禽肉	肉类 羊肉	奶制品	植物油
2000	110.50	18.88	7.32	11.86	32.52	18.07	2.53	21.00	22.19
2001	112.66	19.62	7.67	10.91	32.55	19.35	2.33	21.87	22.76
2002	110.99	18.58	7.55	12.07	33.27	19.86	2.36	21.37	23.21
2003	109.20	17.59	7.95	11.98	33.11	19.34	2.34	21.49	23.27
2004	116.02	18.50	7.89	11.94	32.24	19.69	2.51	21.47	25.19
2005	111.14	18.31	7.41	12.05	32.40	20.53	2.50	22.23	27.23
2006	111.29	18.33	7.82	12.19	32.72	19.87	2.49	22.51	26.50
2007	111.51	18.37	8.56	12.26	33.99	20.58	2.43	22.61	25.86
2008	111.77	18.62	8.50	11.78	32.80	20.56	2.30	22.57	26.04
2009	112.06	18.66	8.46	11.62	32.46	20.39	2.28	22.45	25.54

资料来源：http://stats.oecd.org/Index.aspx? DataSetCode = HIGH_AGLINK_2010。

附表4 韩国历年主要食品的人均消费量（1984~2009）

单位：千克

年份	谷物 小麦	谷物 玉米	谷物 大米	肉类 牛肉	肉类 猪肉	肉类 禽肉	肉类 羊肉	奶制品	植物油
1984	52.36	14.68	125.36	2.66	8.38	2.64	0.09	1.06	7.28
1985	52.66	12.61	127.28	2.93	8.35	2.83	0.16	1.08	8.16
1986	51.97	11.39	124.64	3.55	6.11	4.37	0.11	1.07	8.70

续表

年份	谷物 小麦	谷物 玉米	谷物 大米	肉类 牛肉	肉类 猪肉	肉类 禽肉	肉类 羊肉	奶制品	植物油
1987	51.4	10.08	123.41	3.51	7.02	4.73	0.14	1.31	7.03
1988	50.91	8.99	122.23	3.42	7.77	4.93	0.26	1.39	9.06
1989	47.63	8.00	119.86	2.31	8.65	5.05	0.26	1.32	6.38
1990	49.21	7.54	119.25	3.98	9.98	5.56	0.2	1.64	11.75
1991	49.05	7.04	116.18	5.09	9.94	6.74	0.16	1.70	11.31
1992	49.75	6.59	114.67	5.69	13.36	7.55	0.31	1.55	9.55
1993	50.54	6.01	112.13	5.33	13.51	7.87	0.23	1.69	11.12
1994	51.53	5.42	109.53	5.95	13.98	7.90	0.28	1.58	11.04
1995	52.00	5.01	107.50	6.45	14.59	8.63	0.25	1.35	12.3
1996	46.00	9.23	101.43	7.12	15.56	9.24	0.21	1.27	12.56
1997	46.34	9.15	106.53	8.91	15.38	8.65	0.19	1.44	12.8
1998	47.49	8.23	100.14	7.37	15.32	7.63	0.16	1.17	11.71
1999	48.27	8.43	92.80	8.32	18.02	9.44	0.13	1.20	12.38
2000	48.10	8.39	97.45	8.77	16.3	9.82	0.11	1.62	14.25
2001	46.03	8.76	92.16	6.61	16.92	10.74	0.09	2.06	14.19
2002	46.39	8.74	79.55	8.65	17.39	11.10	0.11	2.18	14.75
2003	43.89	8.25	63.06	8.49	21.18	10.35	0.10	1.74	14.98
2004	45.03	8.07	88.53	5.71	19.46	8.71	0.14	2.28	16.94
2005	46.29	7.78	71.05	6.11	18.86	9.46	0.15	2.33	16.68
2006	55.11	7.75	76.91	7.35	20.44	9.41	0.15	2.27	16.67
2007	41.87	10.85	73.03	7.34	21.99	10.09	0.15	2.41	16.52
2008	43.61	10.9	76.86	6.82	22.88	10.65	0.15	2.27	17.59
2009	43.45	10.86	74.89	7.65	22.81	10.98	0.15	2.37	18.17

资料来源：http：//stats.oecd.org/Index.aspx？DataSetCode＝HIGH_AGLINK_2010。

附表5 日本历年主要食品的人均消费量（1984～2009）

单位：千克

年份	谷物 小麦	谷物 玉米	谷物 大米	肉类 牛肉	肉类 猪肉	肉类 禽肉	肉类 羊肉	奶制品	植物油
1984	40.75	1.70	82.25	4.25	11.02	10.28	1.09	3.93	12.44
1985	40.69	1.89	81.12	4.51	11.28	10.59	1.16	3.95	13.06

续表

年份	谷物 小麦	谷物 玉米	谷物 大米	肉类 牛肉	肉类 猪肉	肉类 禽肉	肉类 羊肉	奶制品	植物油
1986	40.52	1.94	80.31	4.77	11.93	11.20	1.15	3.95	13.73
1987	40.49	1.86	78.96	5.05	12.59	11.71	1.11	4.09	13.82
1988	40.57	1.72	78.23	5.32	12.89	12.25	0.92	4.14	14.40
1989	40.74	1.71	77.55	5.58	13.07	12.10	0.84	4.29	14.69
1990	40.81	1.79	77.00	6.06	13.12	12.03	0.75	4.37	15.26
1991	40.81	1.64	76.91	6.46	13.14	11.86	0.77	4.55	15.44
1992	40.65	1.67	76.57	6.72	13.13	12.37	0.80	4.60	15.57
1993	41.32	1.6	76.09	7.35	13.02	12.09	0.68	4.63	15.68
1994	42.43	1.5	72.52	8.07	13.08	12.15	0.57	4.87	15.59
1995	42.08	1.48	74.09	8.47	13.12	12.61	0.58	4.22	15.92
1996	42.36	1.6	73.33	8.02	13.03	12.82	0.50	4.37	15.02
1997	41.64	1.44	72.56	8.13	12.86	12.21	0.44	4.32	15.48
1998	41.30	1.59	70.99	8.24	12.91	12.04	0.42	4.35	15.29
1999	41.54	1.59	70.87	8.23	13.26	12.09	0.35	4.33	15.64
2000	41.82	1.57	69.77	8.54	13.33	12.11	0.32	4.28	14.60
2001	41.24	1.52	68.62	7.62	13.58	12.06	0.31	4.13	15.14
2002	40.97	1.65	67.31	7.17	14.27	11.94	0.3	4.14	14.86
2003	41.94	1.77	66.77	7.36	14.18	11.93	0.25	3.98	16.08
2004	41.5	1.53	65.65	6.33	15.27	11.03	0.32	4.28	17.10
2005	40.63	1.62	65.8	6.2	14.81	11.33	0.37	4.29	16.53
2006	40.68	1.54	64.91	6.17	14.33	12.14	0.37	4.22	16.02
2007	41.28	1.49	65.32	6.45	14.25	11.88	0.27	4.17	15.90
2008	39.87	1.53	62.8	6.36	14.48	12.11	0.27	3.83	15.64
2009	39.78	1.53	61.19	6.44	14.64	11.73	0.29	3.97	14.87

资料来源：http://stats.oecd.org/Index.aspx? DataSetCode = HIGH_AGLINK_2010。

附表6　中国历年主要食品的人均消费量（1984～2009）

单位：千克

年份	谷物 小麦	谷物 玉米	谷物 大米	肉类 牛肉	肉类 猪肉	肉类 禽肉	肉类 羊肉	奶制品	植物油
1984	74.24	31.80	100.58	0.24	10.66	—	0.50	0.16	3.18
1985	78.37	26.81	102.27	0.30	12.06	—	0.50	0.17	3.95

续表

年份	谷物 小麦	谷物 玉米	谷物 大米	肉类 牛肉	肉类 猪肉	肉类 禽肉	肉类 羊肉	奶制品	植物油
1986	79.20	24.65	99.67	0.37	12.95	—	0.51	0.31	4.36
1987	79.19	24.62	98.70	0.49	13.01	—	0.58	0.33	4.64
1988	80.62	23.73	97.84	0.57	14.1	—	0.64	0.44	4.89
1989	79.59	23.98	98.07	0.63	14.58	—	0.75	0.43	4.83
1990	78.41	23.35	98.02	0.67	15.42	—	0.82	0.51	5.63
1991	77.74	21.96	96.91	0.79	16.34	—	0.89	0.49	5.06
1992	77.82	21.81	94.82	1.03	17.46	—	0.94	0.51	4.71
1993	76.1	21.15	95.99	1.29	18.68	—	1.01	0.48	5.97
1994	75.46	19.56	95.48	1.77	20.74	—	1.21	0.53	7.38
1995	75.28	18.11	91.78	2.34	23.43	—	1.46	0.54	7.33
1996	75.21	18.39	90.63	1.98	20.05	—	1.30	0.55	8.00
1997	74.03	15.26	89.17	2.45	22.6	7.42	1.51	0.58	8.63
1998	73.04	15.47	86.63	2.66	24.22	8.11	1.66	0.58	8.98
1999	72.07	14.78	86.13	2.79	24.81	8.41	1.80	0.69	9.61
2000	70.02	14.29	88.36	2.82	24.37	9.10	1.84	0.75	10.26
2001	69.92	14.18	85.26	2.77	24.66	8.91	1.83	0.81	10.54
2002	69.01	14.72	84.26	2.84	24.88	9.04	1.93	0.84	11.94
2003	68.25	12.91	82.61	2.93	25.37	9.47	2.01	1.01	14.66
2004	67.46	11.68	82.21	2.99	25.73	9.50	2.08	1.11	15.64
2005	67.64	11.4	80.67	2.99	26.83	8.96	2.10	1.14	16.30
2006	67.33	11.43	80.06	3.02	27.2	9.20	2.17	1.29	17.12
2007	66.96	11.17	79.12	3.19	25.07	9.83	2.25	1.35	17.58
2008	66.02	11.28	78.34	3.18	26.88	10.19	2.28	1.40	18.40
2009	65.36	11.35	77.94	2.99	27.84	10.31	2.34	1.32	19.30

资料来源：http://stats.oecd.org/Index.aspx? DataSetCode = HIGH_AGLINK_2010。

附表7 发展中国家历年主要食品的人均消费量（1984~2009）

单位：千克

年份	谷物 小麦	谷物 玉米	谷物 大米	肉类 牛肉	肉类 猪肉	肉类 禽肉	肉类 羊肉	奶制品	植物油
1984	—	34.02	73.31	4.67	6.16	—	—	6.08	1.70
1985	—	31.86	74.12	4.74	6.64	—	1.23	6.44	1.70

续表

年份	谷物 小麦	谷物 玉米	谷物 大米	肉类 牛肉	肉类 猪肉	肉类 禽肉	肉类 羊肉	奶制品	植物油
1986	—	31.46	73.33	4.97	6.86	—	1.25	6.64	1.72
1987	—	30.42	72.93	4.84	6.91	—	1.30	6.70	1.77
1988	—	31.43	72.55	4.95	7.28	—	1.33	7.14	1.82
1989	—	31.27	72.91	5.05	7.45	—	1.38	7.23	1.74
1990	—	31.3	73.37	5.11	7.72	—	1.39	7.63	1.76
1991	—	30.53	72.94	5.17	8.06	—	1.44	7.74	1.80
1992	—	30.88	72.44	5.22	8.48	—	1.45	7.72	1.80
1993	—	31.31	72.81	5.33	8.91	—	1.48	8.30	1.79
1994	60.62	31.74	72.27	5.64	9.63	—	1.56	9.16	1.82
1995	59.97	31.35	71.29	5.9	10.59	—	1.65	9.09	1.89
1996	60.61	32.39	71.06	5.85	9.44	—	1.51	9.58	2.01
1997	59.81	29.86	70.4	6.05	10.26	6.84	1.60	9.83	1.97
1998	60.54	30.3	69.79	6.06	10.78	7.13	1.63	10.37	2.01
1999	60.22	30.13	69.94	6.12	10.97	7.52	1.65	10.71	2.06
2000	59.7	28.61	70.47	6.19	10.91	8.01	1.67	10.91	2.18
2001	60.05	28.94	69.71	5.96	11.06	8.23	1.65	10.97	2.23
2002	59.81	29.01	68.91	6.07	11.08	8.46	1.67	11.48	2.26
2003	59.45	29.84	68.57	6.07	11.23	8.63	1.66	12.37	2.30
2004	59.57	29.58	68.54	6.12	11.30	8.80	1.71	13.17	2.38
2005	59.95	29.64	68.16	6.07	11.66	8.93	1.73	13.63	2.48
2006	59.8	29.72	68.21	6.13	11.91	9.14	1.75	13.87	2.48
2007	59.82	30.7	68.19	6.38	11.26	9.64	1.77	12.27	2.61
2008	59.9	31.43	68.36	6.33	11.83	9.93	1.76	14.88	2.68
2009	60.39	30.58	68.34	6.31	12.02	10.08	1.77	15.04	2.78

资料来源：http://stats.oecd.org/Index.aspx? DataSetCode = HIGH_AGLINK_2010。

附表8　2003/2004～2009/2010年度中国玉米分地区供给情况

单位：千吨

	2003/2004	2004/2005	2005/2006	2006/2007	2007/2008	2008/2009	2009/2010
全国总计	115832	130291	139434	151619	152341	165967	165510
北京	322	435	625	729	765	880	756

续表

	2003/2004	2004/2005	2005/2006	2006/2007	2007/2008	2008/2009	2009/2010
天津	648	682	730	797	851	843	715
河北	10736	11577	11941	13488	14218	14421	15399
山西	4770	6319	6160	6660	6404	6828	6486
内蒙古	8887	9481	10660	11300	11553	14108	13200
辽宁	9072	10797	11355	12115	11678	11890	9926
吉林	16153	18100	18005	20371	18000	20829	18178
黑龙江	8310	9396	10431	15171	14421	18221	19200
上海	32	26	30	27	25	21	25
江苏	1973	2166	1750	1970	1973	2030	2160
浙江	215	225	260	94	100	111	96
安徽	2606	3208	2650	2677	2500	2866	3124
福建	116	127	130	111	118	136	136
江西	63	48	65	61	64	66	65
山东	14110	14991	17405	17499	18182	18885	20020
河南	7663	10500	12980	15418	15825	16150	17446
湖北	1676	1789	1950	2039	2053	2264	2295
湖南	1286	1266	1340	1002	1163	1280	1210
广东	531	561	620	542	613	655	564
广西	1597	1761	2120	1985	2041	2072	2250
海南	61	47	55	61	70	70	84
重庆	2070	2278	2330	2005	2342	2460	2599
四川	5173	5575	5811	5531	6028	6380	6885
贵州	3200	3339	3449	3371	3571	3922	4033
云南	3999	4257	4495	4780	4986	5297	5330
西藏	16	16	15	17	17	22	17
陕西	3732	4070	4595	4561	4939	4836	4658
甘肃	2444	2450	2485	2186	2427	2654	2750
青海	0	12	10	14	13	18	9
宁夏	1199	1177	1215	1271	1466	1499	1470
新疆	3173	3615	3765	3767	3937	4253	4425
东北地区	42422	47773	50452	58957	55652	65048	60504
华北黄淮	42828	49879	54241	59238	60717	62904	66106

续表

	2003/2004	2004/2005	2005/2006	2006/2007	2007/2008	2008/2009	2009/2010
西北地区	10548	11325	12071	11800	12781	13260	13312
华东地区	363	378	420	232	243	268	257
华中地区	3025	3103	3355	3101	3280	3610	3570
华南地区	2189	2369	2794	2588	2724	2797	2898
西南地区	14458	15464	16101	15704	16944	18080	18864

资料来源：国务院发展研究中心粮食政策课题组。

附表9 2003/2004～2009/2010年度中国玉米分地区需求情况

单位：千吨

	2003/2004	2004/2005	2005/2006	2006/2007	2007/2008	2008/2009	2009/2010
全国总计	124126	133972	142188	148659	146498	143930	148140
北京	1360	1256	1156	1035	1136	1006	996
天津	1560	1426	1505	1455	1466	1276	1366
河北	10856	12325	12050	11929	11490	11325	11680
山西	1971	2389	3240	3214	3095	3015	3105
内蒙古	4262	5043	4873	6055	5695	5495	5695
辽宁	6527	6763	7073	8005	7350	7210	7470
吉林	9743	11642	12625	14179	12078	11905	12885
黑龙江	6193	7106	6764	7117	6530	6695	7010
上海	660	680	670	660	690	570	590
江苏	4056	4341	4121	4282	4500	4530	4680
浙江	2270	2402	2432	2512	2582	2572	2632
安徽	2341	2441	4551	4612	4810	4750	4960
福建	1530	1700	1810	1920	2010	2060	2120
江西	2660	2650	3060	3130	3180	3350	3350
山东	17993	20495	20205	20970	21550	20565	21895
河南	10473	10919	12520	12619	12990	12620	12600
湖北	4551	4111	3981	4342	4350	4420	4370
湖南	6731	5940	5800	5651	5770	5830	5899
广东	5765	6625	7476	8078	8287	8217	8207
广西	2691	2761	1896	1927	2200	2230	2200
海南	720	621	1621	2001	2061	2081	2081

续表

	2003/2004	2004/2005	2005/2006	2006/2007	2007/2008	2008/2009	2009/2010
重庆	2021	2281	2331	2202	2130	2080	2110
四川	6982	7218	8308	8275	8080	7960	8030
贵州	1711	1806	2007	2023	1990	1860	1840
云南	3226	3371	3594	3631	3623	3665	3645
西藏	16	16	15	17	17	15	16
陕西	2510	2862	3372	3654	3643	3533	3583
甘肃	1431	1391	1541	1522	1490	1400	1400
青海	100	110	120	120	130	110	110
宁夏	405	445	465	485	525	535	545
新疆	811	836	1006	1037	1050	1050	1070
东北地区	26725	30554	31335	35356	31653	31305	33060
华北黄淮	50610	55592	59348	60116	61037	59087	61282
西北地区	5257	5644	6504	6818	6838	6628	6708
华东地区	4460	4782	4912	5092	5282	5202	5342
华中地区	13942	12701	12841	13123	13300	13600	13619
华南地区	9176	10007	10993	12006	12548	12528	12488
西南地区	13956	14692	16255	16148	15840	15580	15641

资料来源：国务院发展研究中心粮食政策课题组。

附表10　2003/2004～2009/2010年度中国玉米分地区节余量

单位：千吨

	2003/2004	2004/2005	2005/2006	2006/2007	2007/2008	2008/2009	2009/2010
全国总计	-8294	-3681	-2754	2960	5844	22037	17370
北京	-1038	-821	-531	-306	-371	-126	-240
天津	-912	-744	-775	-658	-615	-433	-651
河北	-120	-748	-109	1559	2728	3096	3719
山西	2799	3930	2920	3446	3309	3813	3381
内蒙古	4625	4438	5787	5245	5858	8613	7505
辽宁	2545	4034	4282	4110	4328	4680	2456
吉林	6410	6458	5380	6192	5922	8924	5293
黑龙江	2117	2290	3667	8054	7891	11526	12190
上海	-628	-654	-640	-633	-665	-549	-565

续表

	2003/2004	2004/2005	2005/2006	2006/2007	2007/2008	2008/2009	2009/2010
江苏	-2083	-2175	-2371	-2312	-2528	-2500	-2520
浙江	-2055	-2177	-2172	-2418	-2482	-2461	-2536
安徽	265	767	-1901	-1935	-2310	-1884	-1836
福建	-1414	-1573	-1680	-1809	-1892	-1924	-1984
江西	-2597	-2602	-2995	-3069	-3116	-3284	-3285
山东	-3883	-5504	-2800	-3471	-3368	-1680	-1875
河南	-2810	-419	460	2799	2835	3530	4846
湖北	-2875	-2322	-2031	-2304	-2297	-2156	-2075
湖南	-5445	-4674	-4460	-4649	-4607	-4550	-4689
广东	-5234	-6064	-6856	-7536	-7674	-7562	-7643
广西	-1094	-1000	224	58	-159	-158	50
海南	-659	-574	-1566	-1940	-1991	-2011	-1997
重庆	49	-3	-1	-197	212	380	489
四川	-1809	-1643	-2497	-2744	-2052	-1580	-1145
贵州	1489	1533	1442	1348	1581	2062	2193
云南	773	886	901	1149	1363	1632	1685
西藏	0	0	0	0	0	7	1
陕西	1222	1208	1223	907	1296	1303	1075
甘肃	1013	1059	944	664	937	1254	1350
青海	-100	-98	-110	-106	-117	-92	-101
宁夏	794	732	750	786	941	964	925
新疆	2362	2779	2759	2730	2887	3203	3355
东北地区	15697	17219	19117	23601	23999	33743	27444
华北黄淮	-7782	-5713	-5107	-878	-320	3817	4824
西北地区	5291	5681	5567	4982	5943	6632	6604
华东地区	-4097	-4404	-4492	-4860	-5039	-4934	-5085
华中地区	-10917	-9598	-9486	-10022	-10020	-9990	-10049
华南地区	-6987	-7638	-8199	-9418	-9824	-9731	-9590
西南地区	502	772	-154	-444	1104	2500	3223

资料来源：国务院发展研究中心粮食政策课题组。

附表 11　1999/2000～2009/2010 年度饲料工业主要原料的数量和比重

数量(千吨)	1999/2000	2000/2001	2001/2002	2002/2003	2003/2004	2004/2005	2005/2006	2006/2007	2007/2008	2008/2009	2009/2010
玉米	86900	86800	84550	82380	84030	88910	89820	86810	95270	94720	96260
稻谷糠麸	51570	55540	54357	53807	55318	56846	56628	56203	56251	56992	56819
小麦麸皮	18800	18600	18300	17800	17850	17954	18276	17640	17770	17570	17510
豆粕	13020	15730	15030	18365	17973	21580	25500	24900	28000	31500	36200
鱼粉	1292	1540	1532	1319	1220	1455	1885	1284	1156	1484	1553
稻谷	20440	17632	10873	10763	9870	5340	3620	3626	3612	3680	3699
小麦	2000	4800	5300	5400	3700	1850	1492	3710	6100	7200	4600
总量	194022	200642	189942	189834	189961	193935	197221	194173	208159	213146	216641
比重(%)	1999/2000	2000/2001	2001/2002	2002/2003	2003/2004	2004/2005	2005/2006	2006/2007	2007/2008	2008/2009	2009/2010
玉米	44.79	43.26	44.51	43.40	44.24	45.85	45.54	44.71	45.77	44.44	44.43
稻谷糠麸	26.58	27.68	28.62	28.34	29.12	29.31	28.71	28.94	27.02	26.74	26.23
小麦麸皮	9.69	9.27	9.63	9.38	9.40	9.26	9.27	9.08	8.54	8.24	8.08
豆粕	6.71	7.84	7.91	9.67	9.46	11.13	12.93	12.82	13.45	14.78	16.71
鱼粉	0.67	0.77	0.81	0.69	0.64	0.75	0.96	0.66	0.56	0.70	0.72
稻谷	10.53	8.79	5.72	5.67	5.20	2.75	1.84	1.87	1.74	1.73	1.71
小麦	1.03	2.39	2.79	2.84	1.95	0.95	0.76	1.91	2.93	3.38	2.12
总计	100	100	100	100	100	100	100	100	100	100	100

资料来源：国务院发展研究中心粮食政策课题组。

图书在版编目(CIP)数据

中国粮食需求中长期趋势研究/吴乐著. -- 北京：社会科学文献出版社，2017.10
（河南大学经济学学术文库）
ISBN 978-7-5201-1179-9

Ⅰ.①中… Ⅱ.①吴… Ⅲ.①粮食问题-研究-中国 Ⅳ.①F326.11

中国版本图书馆 CIP 数据核字（2017）第 183066 号

·河南大学经济学学术文库·
中国粮食需求中长期趋势研究

著　者／吴　乐

出 版 人／谢寿光
项目统筹／恽　薇　陈凤玲
责任编辑／宋淑洁　汪　涛
出　　版／社会科学文献出版社·经济与管理分社（010）59367226
　　　　　地址：北京市北三环中路甲 29 号院华龙大厦　邮编：100029
　　　　　网址：www.ssap.com.cn
发　　行／市场营销中心（010）59367081　59367018
印　　装／北京季蜂印刷有限公司
规　　格／开　本：787mm×1092mm　1/16
　　　　　印　张：12.25　字　数：174 千字
版　　次／2017 年 10 月第 1 版　2017 年 10 月第 1 次印刷
书　　号／ISBN 978-7-5201-1179-9
定　　价／79.00 元

本书如有印装质量问题，请与读者服务中心（010-59367028）联系

▲ 版权所有 翻印必究